侍者奉仕
単純・荘厳・司教儀式

HOW TO SERVE
IN SIMPLE, SOLEMN, AND PONTIFICAL FUNCTIONS

マシュー・ブリット　著
Dom Matthew Britt, O.S.B.

加藤肇　訳
Hajime Kato

Imprimi Potest:	Lambertus Burton, O.S.B.
	Abbas S. Martini
Nihil Obstat:	H. B. Ries
	Censor librorum
Imprimatur:	✠ Samuel A. Stritch
	Archiepiscopus Milwaukiensis
	October 18, 1933

How to Serve
In Simple, Solemn, and Pontifical Functions
Copyright © 1934 by The Bruce Publishing Company.

侍者奉仕
（じしゃほうし）

著者　マシュー・ブリット
訳者　加藤肇

発行所　株式会社Ｓｔトマス
〒102-0084　東京都千代田区二番町 5-2 麹町駅プラザ 901
電話 03-6869-1727

2015 年 11 月 4 日　初版発行

ISBN978-4-9908645-2-1

Introibo ad altare Dei.

Ad Deum qui laetificat juventutem meam.

私は、神の祭壇に上ろう。

私の若さをよろこびで満し給う神の方へ。

聖ヨハネ・ベルクマンス

侍者の守護聖人

1599 - 1621

目次

	序文	2
	表象記号の説明	4
第1章	共通の儀式動作	5
第2章	ミサでの祈祷文	36
第3章	読誦ミサ	45
第4章	アコライト2人の歌ミサ	63
第5章	アコライト2人の死者の歌ミサ	68
第6章	荘厳ミサ	72
第7章	顕示された聖体の前での 荘厳ミサ	94
第8章	コープを着た司教の前での 荘厳ミサ	97
第9章	荘厳死者ミサ	100
第10章	荘厳司教ミサ	105
第11章	晩課	120
第12章	単純晩課	123
第13章	荘厳晩課	128
第14章	司教晩課	131
第15章	顕示された聖体の前での晩課	136
第16章	死者のための晩課	138
第17章	侍者のみを伴う聖体降福式	139
第18章	ドミニコ会司祭により行われる 読誦ミサの奉仕の仕方	144
	文献リスト	146
	索引	148
	訳者あとがき	151

序文

　侍者のための3冊の小冊子あるいは手引きの準備は、幾分多忙だが浪費された人生航路の中で作家により成し遂げられた事のいくつかであり、それぞれ以前の物とは独立している。第1の *Vade Mecum for Servers* は1895年に出版された。第2の *Ceremonial for Altar Boys* は1898年に世に出た。これらの両方は著者の叙階の数年前に書かれた。第3の小冊子は今お目見えし、我々の予科の神学校にいる若者達に捧げられており、いつの日か彼らの1人がもっと良い本を書くことを希望している。

　この分野の草分けである古い手引きが出版されて以来、この種の著作に影響を及ぼす多くの変化が起こってきている。さらに、体系的で科学的な方法で書かれた新しく余す所のない多くの儀式書が、ラテン語、英語、フランス語、ドイツ語で世に出てきている。本著作の準備にあたり、このような最近の文献を広範に使用してきた。司教儀式に関しては、特にミサでは、特別に言及しなければならない。Stehle 及び Schober の学問的な著作に徹底して従った。これらの著者のどちらも、内陣での上級・下級両方の各聖職者の務めを別々にそして簡潔に、しかし十分詳細に説明している。

　この小冊子中に示された奉仕の方法がどの場合にも唯一の正しい方法であると主張している訳ではない。この主題に関する複数の本に親しんでいる者には、この説明は不要であろう。ルブリカで侍者の務めの正しい概略が規定されている。典礼作家が細部を補う。ルブリカはしばしば極めて概略的で、時には少しも明確ではない。結果として、ルブリカは必ずしも同じように解釈される訳ではない。慣習もまた、規則にあいまいさがない箇所でさえも、役割を果たしている。ルブリカ及び同様の出典から、認められた著者の中で違いが生じる。どの認められた著者に従っても差し支えない。

　言うまでもないが、本著作が侍者のためにではなく、侍者を指導するかあるいは内陣で必要な物を準備する者のために意図された少なからぬ事柄と多くの参考文献を含んでいる事実をここで強調しておく。これは特に、「共通の儀式動作 Common Ceremonial Actions」に含まれているいくつかの節で当ては

まる。従って、2つの節のみに言及するとして、衣服についての節は侍者のための適切な衣服を準備する義務がある場合に祭壇の団体の会員にとって興味のあるところであろう。一般的に、落ち着きを乱して天使に涙を流させるような様々な非ルブリカ的な音響装置により置き換えられている小さな澄んだ音の祭壇の鈴についてのずっと必要とされる節のためにも、どのような弁解も必要ないであろう。

著者はこの本のために特別に表紙のデザイン及び28の図、他の挿絵を作っていただいたことに対して、同僚 Dom Raphael Heider, O.S.B.に深く感謝している。侍者の守護聖人である聖ヨハネ・ベルクマンスの珍しい絵の口絵に対して、Woodstock College の Vincent A. McCormick, S.J.師にも感謝しなければならない。

聖ヨハネ・ベルクマンスの内陣団体、起源、会則、贖宥等に関する情報のためには、Apostleship of Prayer により出版された *Manual of the St. John Berchmans' Sanctuary Society* (1927) を参照されたい。

著者は本著作中のルブリカの文面か精神のどちらかに反するどのようなものでも指摘していただく方に深く感謝するであろう。しかしながら、これは、認められた著者により様々に解釈されている事柄での読者の好みを求めることを意味していない。

第3版への序言

本版には明瞭さのためになされたわずかな変更のみが含まれている。34ページの第34節は新規のものである。ミサの写真の1枚は、海外で発表された写真がもはや入手できないために削除した。ルブリカについての大きな価値のある著作が出版されたばかりである。その著者 J. B. O'Connell 師は Fortescue の *The Roman Rite* の編集者・校訂者である。この著作は3巻からなり余すところのない *The Celebration of Mass* (Bruce, Milwaukee, 1941)である。これは Van der Stappen 司教の *Sacra Liturgia* のような規範的な著作に匹敵する。これは司祭、神学生、式典係及び他の者にとってルブリカの知識の宝庫である。

表象記号の説明

- 司教
- カズラを着た司式者
- コープを着た司式者
- 助祭
- 副助祭
- 式典係
- 香炉を持つ香炉係
- 香炉なしの香炉係
- 十字架持ち
- 第1アコライト
- 第2アコライト
- たいまつ持ち
- コープを着た補佐者
- 補佐司祭
- 補佐助祭
- 司教杖持ち
- 司教冠持ち
- 本持ち
- ろうそく持ち
- 灌水器を持つ侍者
- 燭台

第1章　　　共通の儀式動作

　共通の儀式動作で扱われる事柄には極めて大きな重要性がある。これらは良い侍者奉仕全ての基礎である。集合的に、これらは聖なる教会が聖餐の王の前で奉仕する者のために規定するふるまいの主要な規則を構成している。これらの知識なしでは、侍者は内陣で他の者を態度によって教化することはできない。ここで侍者に教えられることは、平信徒に留まろうと司祭になろうと彼の助けになるであろう。後者の場合、司祭職の日々で捨て去るものは何もないであろう。

1　ふるまい

　侍者は祭壇奉仕を許される明確な特権を享受する。どの侍者も神の家の給仕である。この事情のため、侍者のふるまいは非の打ち所のないものでなければならない。内陣で侍者は敬虔で思慮に富み、注意深くなければならない。侍者は他の者に対して注意散漫を、まして不面目を引き起こす者でもないであろう。聖なる物への敬虔さを欠くことは一生の大きな罪の1つである。不幸にも、これは時々内陣で見受けられ、そこでは対照的に極めて人目につくことになる。

2　清潔

　自尊心のある侍者は顔と手が汚れ、髪をとかさず、靴を磨いていないことを知りながら友人の家に入ることはないであろう。同じ侍者は、最も親愛な友人の家である生ける神の内陣に入る時にもこれらの礼儀を怠ることはないであろう。

　侍者は几帳面に整然とし、清潔であるべきである。そしてこの清潔は侍者自身の身体ばかりでなく、香部屋と内陣の全ての物に及ぶ。特別な注意がカソックとスルプリ、香炉、炭、マッチの残り、燭台及び祭壇上のろうそくの火に払われるべきである。

3　注意

　侍者は奉仕するミサに厳格な注意を払うべきであり、教会内で行われている他の何にも注意を向けるべきではなく、他の祭壇で行われている荘厳ミサであってもそうである。これは他のミサの奉挙あるいは信徒の聖体拝領のような部分に対しても適用される。

　注意はまた、侍者が思いと行いの点で、奉仕しているミサの司祭とできる限り密接に自身を一致させることを意味している。階段祈祷の間、入祭文、グロリアとクレドの終わり、各福音書の始まり、*Sanctus* の後に司祭が自身に十字の印をする時、侍者も自身に十字の印をする。イエズスの聖なる名が唱えられるか歌われるのを聞く時、侍者は頭を下げるのを怠るべきでもない。この司祭との一致の度合は侍者の年齢と受けた訓練の量にかかっている。若い侍者の場合には、これらの事は過度に強調されるべきではない。

4　服装

　全ての侍者のための適切な衣服は黒のカソックと無地のリネンのスルプリである。

　a）カソック　赤のカソックの使用を禁じるルブリカはないが、これらの使用はチングルム・ビレッタ・小型の高位聖職者のような侍者の服装の使用のように、典礼の精神に背くことになる。内陣は舞台ではない[1]。

---

[1] 「侍者のカソックは黒であるべきである。ミサで奉仕する侍者は、黒のカソックと白のスルプリからなる高位聖職者でない全ての聖職者のための服装を身につけることが適切である。」 *Amer. Eccl. Review*, Dec., 1932, p. 644.

　Fortescue は「全ての侍者及びどの儀式でも聖歌隊席で補佐する全ての者のための共通の服装は黒のカソックと白のリネンのスルプリである。」と述べている。 *The Roman Rite*, p. 11.

　Dom Roulin は「カソックとアクセサリーで赤を使用することはせいぜい19世紀に始まり、赤のカソックがいかにある人にとって魅惑的で、またある人にとっては気が散るものであるとしても、これらはキリスト教の礼拝の荘厳さに実際には良くは調和しない。祭壇の聖職者のように、侍者にはこれらの赤い服装なしでも務めから十分に荘厳さがあ

b）カソックの着衣　カソックの着衣にあたり、侍者は最初に右腕を右側の袖に入れ、次いで左腕を左側の袖に入れる。その後、これが最も重要であるが、一部だけでなく全てのボタンを留める。カソックが侍者に合っている、すなわち長過ぎず短か過ぎないでいるべきことは言うまでもないであろう。破れていたり、しわがあったり、ボタンが欠けていたり、蝋で汚れていたりしているべきでもない。

c）スルプリ　典礼の精神に合わない一定の種類のスルプリがある。これらの中に、どのような材質で作られていたとしても、レースのスルプリ、プリーツのあるスルプリ、短いスルプリがある。無地の、長い、リネンの、完全に清潔なスルプリを身につけている者よりもふさわしい侍者はいないであろう。さらに、生地がきちんと寄せられた首の所に広い開口部があることが望ましい。開口部が四角形か円形であるかは重要ではない。スルプリには前側のスリット、リボン、紐、止め金あるいはボタンがあるべきではない[2]。

d）スルプリの着衣　スルプリを正しく着衣するために、侍者は一方の手で上部を持ち、もう一方の手で下方から開ける。次いで、両手を開口部に置きながら、頭の上に通して両肩の上に置く。次いで右腕を右側の袖に入れ、左腕を左側の袖に入れる。スルプリが身体に正しく掛かるように注意深く整える。

る。そして侍者と聖歌隊両方のための正しく適切な服装が黒のカソックと十分な長さのスルプリであることを私は信じている。」と述べている。 *Vestments and Vesture*, p. vi.

[2] Fortescue は「腰までの短いコッタ（スルプリ）がどれほど現代的であるかは、驚くばかりである。18世紀の・・・さし絵は、レースのない十分に長いスルプリをまだ示している。そしてフランスとドイツは膝上のスルプリを導入してこなかった。芸術的に、この衣服の美しさと荘厳さが完全に十分長いひだの問題であることは指摘する必要はないであろう。幅の広い袖があり、ひだで落ちる十分に長いスルプリー要するに聖チャールズの規則に従って作られている－は非常に見事な服装である。」 *Vestments of the Roman Rite*, p. 110. 特に Dom Roulin の *Vestments and Vesture* (Herder), pp. 29-35 を参照のこと。その中でスルプリの良い説明と正しいものと誤ったもの両方の型の数枚のさし絵が見出されるであろう。全ての女性の祭壇団体はこの本を一冊揃えるべきである。

スルプリの脱衣では、侍者は左腕を左側の袖から引き出し、次いでスルプリの左側を頭の上に持ち上げながら、右腕を引き出す。スルプリの着衣あるいは脱衣では、急ぐことは避けるべきである。

5　十字の印

正しく十字の印をするために、侍者は左手を開いて伸ばして胸の上に置く。左手は胸の少し下で、低過ぎないように保つ。次いで、右手もまた伸ばし、指を合わせて掌を侍者に向けて、指先で額、胸、左肩、そして最後に右肩に触れる。十字の線は急いで軽率ではなく、完全に、ゆっくりと描くべきである。ルブリカでは小さなものではなく、大きな十字が規定されている。

十字に言葉が伴う場合、このように分配される。*In nomine Patris* の言葉で額に、*Filii* で左手のすぐ上の胸に触れる。そして左肩から右肩に動かす間に *et Spiritus Sancti* を唱える。両手を合わせながら *Amen* を唱える。

各福音書の始まりで、侍者は額、唇そして胸の上で3回、小さな十字の印をする。左手は上記のように保つ。右手は掌を侍者に向けて伸ばす。次いで、親指の爪ではなく軟らかい部分で額、唇そして胸の上で3回、十字の印をする。3回目は左手の下方ではなく上方で行う。

6　膝をつく

膝をつくのには片膝と両膝の2種類がある。片膝をつくのは、右膝で左踵近くの床を触れることにより行われる。両手は胸の前で合わせておく。両手は決して膝の上や他の物の上に置いてはならない。どのような種類のお辞儀もしない。この膝をつくことは延長してはならず、膝を床の上に置いたままでいてはならない。この膝をつく際、急ぎ過ぎたりゆっくり過ぎることはどちらも等しく不適切である。

両膝をつくことは、両膝で跪き、中程度のお辞儀をすることにより行われる。このお辞儀は次の項で説明される。

聖体が納められていない祭壇の前での膝をつくことに関する重要な教令がある³。これは読まれるか歌われるかに関わらず、全てのミサで侍者に適用される。

次の引用には教令の翻訳と我々への適用に関する考えが含まれている。「1906年11月23日の教令は、この国でさえも、現在遵守することになっている唯一の規則である。従って、『聖体が納められていない祭壇でミサ奉仕をする聖職者は祭壇に着いた時、祭壇の中央を通るたびごと、そして祭壇から去る時に片膝をつくべきである。』」⁴

7　お辞儀

3種類のお辞儀があり、これらは都合の良いように略語により示される。従って、お辞儀Pは深い profound お辞儀を、お辞儀Mは中程度の moderate お辞儀を、お辞儀Hは頭 head のみの簡単なお辞儀を表す。

a）深いお辞儀、お辞儀P　このお辞儀は、両手を伸ばしたら指先で膝に触れることが可能であるように頭と体を曲げることにより行われる。このお辞儀は立っている間のみ行われるため、*Confiteor* の間でさえも、侍者が行う例はない⁵。

b）中位のお辞儀、お辞儀M　これは頭と肩を著しく傾けることであるが、その名が意味するように、前のお辞儀よりも低くない。これは跪いている者が *Confiteor* を唱える間に行うお辞儀である。立っているものは深いお辞儀をする。

c）簡単なお辞儀、お辞儀H　これは頭のみを曲げることにより行われる。ある人によると、このお辞儀は深い、中位、軽いものに細分される。別に言及しない場合、この本中では、お辞儀Hの用語は深い頭のお辞儀を示す。これは

---

³ S.R.C. 4193, 1, Nov.23, 1906.
⁴ *Amer. Eccl. Review,* Dec., 1932, p. 643.
⁵ S.R.C. 4179, 1. Callewaert, p. 30; Wapelhorst, 97, 5; 131, 4; Fortescue, . 24.を参照。

極めて一般的である。香部屋での十字架への、聖歌隊あるいは聖職者への、司式者への、そして全ての者の献香前後の適切なあいさつである。

8　聖歌隊あるいは聖職者へのお辞儀

　たいていの侍者には以下に述べられる規則で使用される聖歌隊 choir の用語が何を意味しているのかわからないため、これの短い説明は場違いではないであろう。修道会の共同体のように多くの聖職者がいるいくつかの教会では、メンバーは内陣か内陣の近くのどちらかにある座席を占める。これらの座席は、席を占める者が、半数が福音書側でもう半数が書簡側でお互いが向き合うように配置されている。理論的には、これらの者は歌われることになっている歌を全て歌うべきである。しかしながら、実際には、歌のいくつかのみを歌うか、あるいは全く歌わないかもしれない。儀式のためには、聖歌隊 choir と聖職者 clergy の用語は同義とみなされる。聖歌隊 choir の用語は決して、教会の正面の入口の上の中二階を占める歌い手の一団を指さない。これらの歌い手には何の注意も払われないことになっている。

　典礼上の聖歌隊がいる場合、侍者は以下に述べられた規則で指示されているように聖歌隊にお辞儀をする。規則aとbの目的は聖歌隊席へのお辞儀と祭壇へ片膝をつくことのどちらを最初に行うべきかを明らかにすることである。規則cとdは福音書側と書簡側の聖歌隊のどちらの側に最初にお辞儀をするべきかを述べている。儀式 function はミサや晩課等を意味している。

　a）どの儀式の始まりでも内陣に入るとすぐに、司式者と侍者が祭壇に着く前に聖歌隊席を通り過ぎなければならない場合には、座席の入口で聖職者にお辞儀をし、祭壇に着いた時に祭壇の前で片膝をつく[6]。

　b）しかし、我々のアメリカのたいていの教会のように、司式者と侍者が祭壇に着くために聖歌隊席を通り過ぎる必要がない場合には、最初に祭壇の前で片膝をつき、次いで聖歌隊あるいは聖職者にお辞儀をする[7]。

---

[6] *Caer. Ep.* XVII, 1.
[7] *Caer. Ep.* XXX, 1. 上記の規則a及びbに関して我々のたいていの儀式書で述べられている指示は、控えめに言っても誤解を招いている。誤解は司教儀式書 *Caeremoniale Episcoporum* のXVII及びXXXの章に述べられている二つの矛盾した指示に起因してい

ｃ）どの儀式でも始まりと終わりの際には、最初に福音書側の聖歌隊席にお辞儀をし、次いで書簡側の聖歌隊席にお辞儀をする。しかし、万が一、より高位の者が書簡側にいる場合には、最初に書簡側にお辞儀をする。

　ｄ）どの儀式中でも、荘厳ミサ中の書簡と福音書の歌の前及び晩課中の *Aperi Domine* の後のように、お辞儀は最初に、向きを変えるか出発する側の聖歌隊に行われ、次いで、向かうことになっている側に行われる。「より高位の者の側」への敬意は払われない[8]。この規則は多くに適用される。

　ｅ）どの儀式中でも、香炉係が１人かたいまつ持ちを伴うかのいずれかで内陣に出入りする時にはいつも、最初に祭壇の前で片膝をつき、次いで聖歌隊あるいは聖職者にお辞儀をする。

　ｆ）聖体が顕示されている間、聖職位階に関わらず、聖歌隊あるいは他の誰へもお辞儀をしない[9]。

　ｇ）どのミサでも、聖変化から聖体拝領までは誰に対してもお辞儀をしない。

　ｈ）その司教区の司教が内陣にいる時には、この司教にお辞儀をするが、聖歌隊にはお辞儀をしない[10]。

9　身体の姿勢

　この表題では、内陣での侍者の一般的なふるまいのような事が扱われる。侍者がこれらを遵守しない時には、おそらく訓練において以下の規則が十分に強調されてこなかったことを示している。しかしながら、そのような事においては、極端は避けなければならない。侍者にとって、行う事に不注意でだらしな

る。上で述べられた解決は *Ephemerides Liturgicae*, XIV, 1900, p. 369 からとられており、この解決は Van der Stappen により繰り返し言及されている。上の「通り過ぎる pass through」と翻訳されている用語は、単に「通る pass」あるいは「そばを通る pass by」と翻訳しても良いが、これは聖歌隊の占める場所が異なることによる。*Catholic Encyclopedia* 中の「聖歌隊 Choir」の項を参照のこと。

[8] *Caer. Ep.* Lib. I, XVIII, 13; Fortescue, p. 216; Callewaert, p.23.
[9] S.R.C. 2544; 2928, 6.
[10] Callewaert, p. 23.

いでいること、あるいは動作においてばかばかしいほど大げさで気取っていることは等しく不適切である[11]。

a）立つ 立っている時、他のどのような規則にも違反することなく行う事ができるのであれば、侍者は常に祭壇の方を向いている。自然に、そして両手を合わせ、頭をまっすぐにし、目を祭壇に向けるか控えめに下に向けながら立つ。侍者は司祭が片膝をつく時にはいつも片膝をつく。この規則の例外は適切な箇所で見出されるであろう。

b）跪く 侍者は祭壇を向きながら跪く。本を持っているのでなければ、両手は合わせる。できるだけ静かにそして動かずに跪き、祭壇で行われている事に深く注意を払うべきである。特に、周囲を見回したり後ろを見ることは避けるべきである。後者（後ろを見ること）は時々、足がカソックで覆われているかどうかで大騒ぎをする侍者により行われる。侍者にとって、後ろを見ることは足が覆われずに跪くことよりもずっと見苦しい。

c）座る 座っている間、掌を下にして両手を両膝の上に置きながらまっすぐに座る。両膝は閉じたままでいる。足は決して組んではならない。座る姿勢から跪く姿勢に、あるいは跪く姿勢から座る姿勢に変わる際、侍者は最初に少しの間まっすぐに立ち、次いで場面に応じて跪くか座る。この規則はしばしば破られ、何かだらしなさに似た結果となる。

d）歩く 侍者の一般的なふるまいの中で歩き方ほど目立つものはない。ここで再度、極端は避けなければならない。急いだ歩行、そして過度に遅い歩行は同様に不快である。長い歩幅と短い気どった足取りは等しく内陣では場違いである。侍者が頭と身体をまっすぐに保ち、足取りで横に揺れるべきでないことは重要である。侍者は歩行中に片膝をつこうとするべきでもない。片膝をつく前に最初に完全に止まり、まっすぐ祭壇を向きながら立つべきである。侍者

---

[11] Martinucci-Menghini, II, pp. 550-551; Fortescue, p. 35. を参照。

は床あるいは祭壇の階段のいずれでも、決して後方あるいは横に歩くべきでなく、最初に、行くことになっている方向を完全に向くべきである。

　２人の侍者が一緒に歩いている時には、通路が狭いのでなければ、並んで歩く。通路が狭い場合には、左側にいる第２の者が第１の者の先を行く。１人の侍者が、部分的にのみ他の侍者の前を歩くことは決して許されない。

　e）目　目はやっかいな器官である。良い侍者は目を注意して抑えるであろう。目は控えめに下げるか祭壇の方を向けるかのいずれかであるべきである。内陣、あるいは聖体拝領台を超えて会衆までも見回すことは決して許されるべきではない。そのようなふるまいは注意不足と自制の極めて重大な不足の両方を示している。

　f）手　侍者が立っているか跪いている時、他にふさがっていない場合には、両手は掌と掌を合わせて、十字の形で右手の親指を左手の親指の上にする。肘は自然に脇に置く。両手は合わせている時には、約45度の角度で上に向ける[12]。両手を上に向けて胸に置くこと、あるいは両手を床と平行になるように低く保つことは等しく不適切である。片手でも両手であっても、手を侍者の脇で下げることは決して許されてはならない。

　g）足　侍者は跪いていても座っていても、決して足を組んではならない。跪いている間、足をまっすぐに平行に保つことが難しい場合であっても、少なくとも踵は合わせるべきである。

　h）胸を叩く　胸は右手で叩くが、右手は半ば開いて拳の形で握らない。侍者は司祭の *Confiteor* の間も、*Nobis quoque peccatoribus* でも、*Domine non sum dignus* でも胸を叩かない[13]。*Domine non sum dignus* で侍者が胸を叩く

---

[12] Van der Stappen, V, p. 3; Wapelhorst, 100.
[13] S.R.C. 3535, 3.

唯一の時は、侍者自身が聖体を拝領する直前にこれが唱えられる時である[14]。「主よ、私は足らぬものである。」を意味する言葉はこの時、侍者自身に向けられる。司祭がこの言葉をミサ中あるいは信徒に聖体を与える前に唱える時、場合に応じて司祭あるいは信徒に向けられる。

侍者はどの言葉でも句でも3回繰り返される時にはいつも胸を叩く習慣がついてはならない。ある者は「寛容、仁慈、甘美にまします童貞マリア。」の言葉で胸を叩くことにまでこれを拡大している。

ｉ）動作の統一性 この規則はいくら強調してもしすぎることはできない。2人以上の侍者が片膝をつく、お辞儀をする、跪く、座る、立ち上がるといった動作を共同で行うことになっている時、全く同じ瞬間に、正確に同じやり方で行わなければならない。この統一性は反復訓練とリハーサルによってのみ得られる。良く訓練された侍者団を作るためには、書籍には役割があり、口頭での指示には役割があるが、度々の注意深い反復訓練なしでは、これら両方を合わせても望まれる結果は生まないであろう。

動作のタイミングについては、左側にいる第2の侍者は第1の侍者により手引きされるべきである。数人の侍者が共同で動作を行うことになっている時には、これらの内の1人が全員に聞こえるような十分に大きい合図を行うべきである。

10　ろうそくの点火と消火

ａ）1列のろうそく 最初に書簡側のろうそくが、最も十字架に近いものから点火される[15]。その後、福音書側で同じように点火される。逆の順番に消火される。図1を参照。規則：点火は数字の順に、消火は数字の逆の順番となる。

---

[14] Van der Stappen, Vol. V, p. 47; Menghini, p. 44.
[15] S.R.C. 4198, 9.

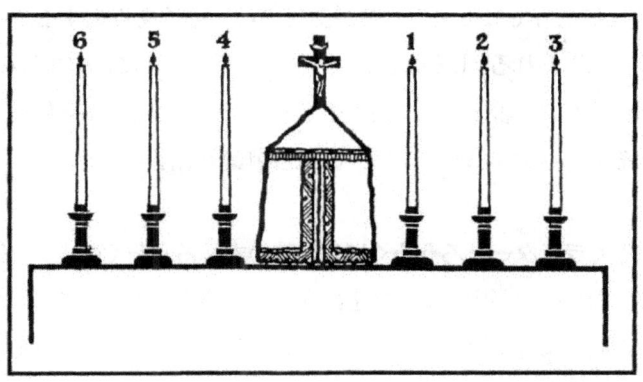

図1　1列のろうそくの点火方法

　b）2列かそれ以上の列のろうそく　2列あるいはそれ以上の列のろうそくに点火することになっている時、侍者は最初に書簡側のろうそくを全て点火し、その後福音書側のろうそくを点火する。最初に書簡側の一番上の列を、十字架に最も近いろうそくから点火する。同じ順番で上から2列目を点火し、もし3列目があればこれも同じ順番に点火する。その後、福音書側のろうそくを同じ様に点火する。消火の際は逆の順番になる。図2を参照。

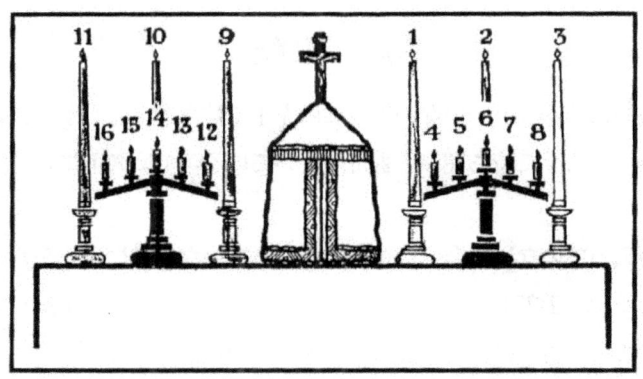

図2　2列以上のろうそくの点火方法

上で引用した法令では1人の侍者が全てのろうそくを点火することを示唆しているように思われる。しかし、2人の侍者がろうそくに点火する場合には、それぞれの侍者が、一番上の列の最も十字架に近いろうそくから始めて、一方の側のろうそくに点火する[16]。ろうそくは逆の順番に消火する。

c）ろうそくライターとろうそく消しの使い方　ろうそくの点火の際、小ろうそくは小さな炎のみが出るように上に向けて保持するべきである。小さな炎は大きな炎と同じように早くろうそくに点火するであろう。小ろうそくを下に向けて保持した場合、大きな炎を生じてろう滴が祭壇上に垂れるばかりでなく、ライターの端が熱くなってライターが溶けたろうで詰まりかねない。

ろうそくを消す際には、ろうそく消しをろうそくに押しつけること、あるいはろうそくに触れることでさえも、必要でないし賢明でない。そうする場合、ろうそく消しは部分的にろうで満たされやすく、このろうはろうそくの炎で祭壇上に垂れるであろう。

ろうそくの点火と消火のどちらでも、侍者には上記の全ての事を手際よく、静かな品位で務めをするようにすること。良く訓練された侍者がろうそくの点火あるいは消火を行うのを見ることは喜びである。これは芸術であり、急ぐこと、やり方の不足、ろうそくに点火する者の軽率さのために多くの場所では失われた芸術である。

11　香炉、運び方

原則　香炉に香が入っていない場合には左手で持ち運ぶ。しかし、香を入れた後には香炉は右手で持ち運ぶ。香舟は空いている手で胸の前に保持する。

a）香が入っていない場合　香炉に香が入っていない時には、一番上の円盤のすぐ下で鎖を左手で握って持ち運ぶ。香炉の蓋は炭への通気を良くするために少し上げるが、香炉は行ったり来たり振らない。

---

[16] Fortescue, pp. 100 and 103.

b）香が入っている場合　香炉に香を入れた後には、前の段落に述べられているように、しかし右手で、持ち運んでもよい。しかしながら、香炉係が行進の先頭を歩く場合、あるいは聖福音が歌われる場所へ行く場合のようによりフォーマルな場面では次の方法を用いる。円盤の頂部の輪に親指を通し、香炉の重みを支える。もう一方の輪に中指を通し、香炉の蓋を上下できるようにする。あるいは、好みにより、親指と中指を逆にして2つの輪に通しても良い。香炉に香が入っている間には、香炉係は香炉をやさしく行ったり来たり振るが、体は揺らさない[17]。跪いている間あるいは膝をつく時には、香炉係は香炉の上部を片手で保持し、もう一方の手で鎖の中央付近を握る。

12　香炉へ香を入れる

香炉係が司式者のところに香炉を持ってくる時には、香炉係は香舟を、助祭、式典係あるいはアコライトであっても、司式者の右に立っている者に手渡す。次に、香炉係は左手で円盤のすぐ下の鎖を保持し、右手で蓋を約4インチ（10 cm）上に引く。左手を胸に持っていき、右手で香炉を司祭が香を入れ易い高さに保持する。図を参照。祝別の前ではなく、香を祝別した後で、香炉係は香炉を閉じて下げる。聖体降福式の最中と聖体のみが献香されることになっている他の場合を除き、常に香は祝別されることを香炉係が憶えていることは重要である。

13　香炉を差し出す

2つの場合があり得る。（a）香炉を、自身では使用しないことになっている誰かに渡す場合。この場合には香炉係は右手で頂部の鎖を保持し、助祭あるいは式典係に渡し、次にこの者が司式者あるいは香炉を使用することになっている者に手渡す。（b）しかし、香炉係が香炉を司式者あるいは香炉を使用することになっている聖職者に直接渡す場合、香炉係は両手で鎖を保持する。右手は円盤のすぐ下で鎖の頂部を握り、左手は鎖の下部を握る。次いで、上部は

---

[17] 香炉を運ぶためのこの規則は *Caer. Ep.* I, XI, 7 で述べられているが、この解釈は出典により異なっている。Callewaert, pp. 53-54. を参照。

司式者の左手に、下部は司式者の右手に置かれる。両方の場合とも、急ぐのは避けるべきであり、香炉係の動作はゆっくりで優美で、威厳がなければならない。香炉を優美に扱うためには、注意深い反復練習と少なからぬ実践が必要である。

14 献香の仕方

　人や物の献香の仕方を学ぶ最も簡単な方法は、正確かつ優美に献香を行うだれかの動作を見ることである。献香の動作は決して複雑ではないが、説明するには多くの言葉が必要になる。

　香炉を適切に扱うために香炉係は鎖の頂部を左手で握り胸の前に保持する。右手で蓋の少し上方の鎖を、人差し指と中指ではさんで保持する。残りの3本の指は献香する人に向かって香炉を振る助けとするために鎖の下で合わせる。どの者に対しても献香する前後に頭を深く下げる。献香を受ける者も同様に頭を深く下げる。侍者が献香を受ける間、献香を行う人と向かい合い、前後にお辞儀をする。

　献香には献香を受ける者に向かって香炉を一振りする方法と二振りする方法の2種類がある。

　a）一振り　一振りで献香を行うためには、香炉係は香炉を胸の高さに上げ、同時に献香を行う者に向かって香炉を振る。次に香炉を膝付近の高さに下げる。この動作が、行うことになっている振りの数に従って繰り返される。

　b）二振り　二振りで献香を行うためには、香炉係は香炉を顔の高さに上げ、次に献香を行う者に向かって香炉を振る。繰り返して振った後に香炉を下げる。この香炉を上げて2回繰り返し振ることが二振り1回になる。

　c）ミサや晩課での司式者は二振りを3回で、助祭は2回で、式典係は1回で、各アコライトは1回で献香を受ける。会衆は一振り3回で、正面、書簡側、

福音書側の順に献香を受ける[18]。追加の情報は適切な箇所で見出されるであろう。

15 香舟持ち

香舟持ちがいる場合、その務めは香舟を運ぶことである。ルブリカは香舟持ちのための規定をしていないが、最良の権威の多くは香舟持ちに言及している[19]。香舟持ちがいる場合、香炉係でなく香舟持ちが香舟を助祭に差し出し、助祭から香舟を受け取らない理由は何もない。Calleraert はどこでも、香舟持ちがいて、香舟持ちが香舟を式典係でなく助祭に手渡すと想定している。香舟持ちがいない場所では、権威は分かれている。恐らくより良い方法は、香炉係が香舟を式典係に手渡し、今度は式典係が助祭に渡すことである。しかしながら、この慣習に反する方法は、Martinucci と Van der Stappen から引用することができよう。

16 物を差し出す

可能である場合にはいつも、物は右手で差し出し、右手で受け取る。一方の手がふさがっている時、他方の手は胸に置いて開いて伸ばしておく。

17 司式者へ差し出す物へのキス

三通りの慣習が行われており、同じ教会内の全ての侍者はこの内の1つのみを採用し従うべきである。

a）ルブリカ及び礼部聖省の教令は侍者が奉献で両方の瓶にキスをするよう指示している[20]。何人かの権威は侍者による他の全ての物のキスへの言及を省いている。これらの権威の中に我々自身の *Baltimore Ceremonial* と Wapelhorst が含まれる。「慣習により、これらの oscula（キス）はしばしば平

---

[18] Fortescue, p. 98; Callewaert, p. 202.
[19] De Herdt, II, 15; *Baltimore Ceremonial*, p. 143; Geryanti-Merati, I, p. 107; Fortescue, pp. 95-96; Callewaert, 53.
[20] *Ritus cel.* VII, 4: S.R.C. 4193, 2.

信徒によって完全に省かれる[21]。」 神学校（予科と本科）以外では、この慣習は大いに推奨される。

b）別の権威は、物を差し出す時、最初に物に次いで司式者の手にキスをするよう侍者に指示している。しかし物を受け取る時には、侍者は最初に司式者の手に、次いで物にキスをすることになっている[22]。両方の規則の理由は、単に便利のためである。

c）さらに別の権威は、何であっても司式者に渡すか司式者から受け取る物にキスをするよう侍者に指示しているが、侍者は司式者の手には決してキスをしないことになっている[23]。

d）死者ミサ及び顕示された聖体の前で行われるミサでは、何にも、瓶でさえも、キスをしない。聖母マリアの清めの祝日及び枝の主日では、ろうそくあるいは枝を受け取る時に、侍者は最初に新しく祝別されたろうそくあるいは枝に、次いで司式者の手にキスをする[24]。

18 瓶を差し出す

瓶は底を持ち、取っ手は祭壇の端あるいは階段の最上段に平行にして左側に向ける。それぞれの瓶は右手で差し出す。これは適切な箇所で説明されるように、侍者が1人でも2人であっても当てはまる。侍者は司式者に渡す前と受け取ってすぐの両方で、それぞれの瓶にキスをする[25]。このキスは閉じ給う唇で瓶の取っ手あるいは中央に、単に触れることにより行われる。死者ミサあるいは顕示された聖体の前で行われるミサでは瓶にキスをしない。荘厳ミサでも、瓶が直接司式者にではなく副助祭に差し出されるために、瓶にキスはしない。どのミサでもすすぎの際には瓶にキスをしない[26]。

---

[21] Fortescue, p. 82, 及び特に p. XXIII.
[22] これは *Caer. Ep.* I, XVIII, 16. に述べられている規則である。全ての権威はこれを助祭と副助祭に適用し、ある権威は下級聖職者あるいは侍者へも拡大している。Fortescue, Martinucci, Menghini, Stehle, Schober 他。
[23] De Herdt, I, 299; Callewaert, pp. 44 and 158.
[24] S.R.C. 2148, 5.
[25] *Ritus celebrandi*, VII, 4; S.R.C. 4193, 2.
[26] Fortescue, p. 87; Van der Stappen, V, p. 47; *Ephem. Lit.*, XI, 1897, p. 609.

19 瓶の手入れ

　瓶に満たす前に空にするべきである。きれいでない徴が少しでもある場合、十分に洗浄してから空にするべきである。瓶は上部まで満たすべきではない。少なくとも首の部分は空で残しておくべきである。瓶を満たした後で、下部あるいは底は拭いておくべきである。ワインあるいは水の水滴が、のりのついた祭壇布に落ちると見苦しいしみを残すことになる。*Lavabo* の後、瓶は濡れた皿の上ではなく、祭器卓の上に置くべきである。ミサ後の瓶の手入れが侍者の務めである場合、侍者はワインの瓶を２回洗浄するべきである。瓶は両方とも空にして、栓をつけておくべきである。

20 行列用十字架

　行列用十字架は長い棒が付いた本物の十字架であり、行列の先頭で運ばれる。十字架上の我々の主の像は行列が進む方向に向ける。十字架持ちは、点火したろうそくを持つ２人のアコライトを伴う。これら３人は、他の者が片膝をつく時に決して片膝をつかず、単にお辞儀をする。聖体が運ばれない行列では、香炉係が十字架持ちの先を行く[27]。

　大司教十字架は行列の先頭ではなく、大司教及び祭服を着た補佐者の直前で運ばれる。大司教十字架上の像は常に大司教の方を向ける。この種の行列では、かなりの長さがある場合、２人の十字架持ちと二組のアコライトがいても良い。その場合、一方の十字架は行列の先頭となり、他方は大司教の前を行くであろう。

21 アコライトの燭台

　a）運び方　２人のアコライトが一緒に立つか歩いている時、あるいは副助祭か十字架持ちがアコライトの間にいる時、アコライトは燭台を以下の方法で保持するよう規定されている。右側にいる第１アコライトは右手でノブの直下で燭台を保持し、左手を燭台の脚部の下に置く。第２アコライトは左手をノブ

---

[27] Van der Stappen, V, pp. 32-35.

の下に、右手を脚部の下に置く[28]。燭台を同じ高さで、できる限りまっすぐに保持するよう注意するべきである。アコライトがいかなる時にも点火していないろうそくがのった燭台を運ばないことは、いくら強く述べてもしすぎることはない。この規則に例外はない。荘厳死者ミサ及び聖土曜日、聖霊降臨の前日に福音書が歌われる間、アコライトは両手を胸の前で合わせて副助祭の両脇に立つ。点火したアコライトのろうそくは祭器卓の上に残しておく。アコライトは受難の終わりで福音書が歌われる度、福音書の間にもこのように立つ。

b）材質と構造 Van der Stappen 司教によれば、アコライトの燭台は真鍮あるいは銀で作られ、幅の広い丸い基部があるべきである。これらには頂部と底部の中間にノブがなければならない。高さに関しては、通常の使用のためには16インチ（40cm）以上、大祝日と行列での使用のためには32インチ（80cm）以上であることを提案している[29]。

22 たいまつ持ち：一般的な注意

全ての歌ミサ及び聖体降福式では2人から8人のたいまつ持ちがいても良い。人数は偶数であるべきである。8人が荘厳司教ミサで許された最大人数であるため[30]、全ての儀式でこれより多い数を用いてはならないことが推測される。全ての儀式の始まりで、たいまつ持ちはアコライトの後方を2人づつで歩きながら一緒に内陣に入る。身長が異なる場合、背の低い者が先を行くべきである。たいまつを運ぶ場合、たいまつ持ちは中央で同じ高さに保持するべきである。右側の者は右手で、左側の者は左手でたいまつを運ぶ。空いている手は開いて胸に置く。一緒に片膝をついた後、自分の場所に行く。たいまつ持ちの占める場所は内陣の形と広さによる。通常、祭壇の正面で1列になるか、2列でそれぞれの列が祭壇のそれぞれの側になるかのいずれかである。

---

[28] *Caer. Ep.*, Lib. I, XI, 8.
[29] Vol. III, p. 117. 芸術的に美しく、典礼的に正しいアコライトの燭台のみを購入するよう注意すべきである。
[30] *Caer. Ep.* Lib. II, VIII, 68.

共通の儀式動作

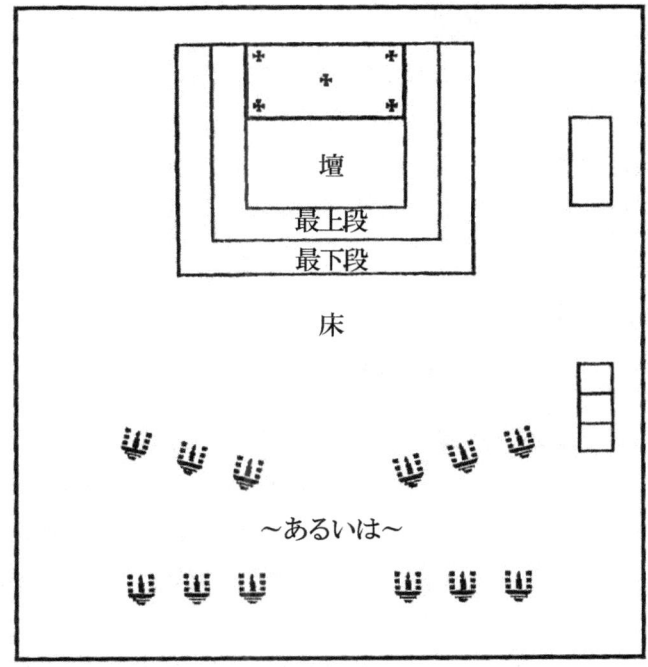

図3　たいまつ持ちの内陣での場所：
本書での祭壇の階段の呼び方

23　不要な侍者

　全ての儀式で関わるべき侍者の人数に関しては、ルブリカは十分に明白であり、そうでない箇所では認められた著者の意見を求めるべきである。多くの教会では必要とされるよりも多い人数の侍者を用いる傾向がある。これは誤りである。単なる数に美しさはない。「無用の多数の侍者が内陣あたりで何もせずに立っていることは、典礼の荘厳さを増すことにはならない[31]。」　「多すぎる侍者は容易に有害に、それどころか会衆の反感を買うことになり得る[32]。」

---

[31] Fortescue, p. 34.
[32] Augustine, *Liturgical Law*, p. 265.

未経験の追加の侍者が、儀式中に年長の侍者により教育されるためにしばしば内陣に置かれる。この慣習には推奨できることが何もない。他の者を教育する能力のある侍者が極めて少ないという事実は別として、ミサや聖体降福式中にそのような教育を行うことの不適切さが追加されて残る。さらに、この伝統的あるいは「伝承的な handed-down」儀式の教え方は、しばしば敬虔な精神を混乱あるいはあきれさせ、我々の内陣を汚すことになるいいかげんな侍者奉仕の主な原因の1つである。

24　祭壇の鈴

a）鳴らす時　ルブリカでは *Sanctus* と奉挙の際に小さい鈴を鳴らすよう規定されている。また、司祭がカリスの上で手を広げる *Hanc igitur* で司祭がカリスの上で手を広げる時にも鈴を鳴らすことが許されている[33]。同様にミサ中の *Domine non sum dignus* の際に鈴を鳴らすことは認められた慣習であるが、ミサ中あるいはミサ以外で聖体を配る前に司祭がこれらをとなえるときには鈴は鳴らすべきではない。ミサ中に鈴が鳴らされる時、鈴はミサの主要な部分の1つへの注意を促すことになる。しかし、聖体の配布前に鈴が鳴らされる場合には、不要であるばかりでなく、無意味でもある[34]。

b）鳴らさない時　同じ教会内で歌ミサが行われている間、読誦ミサ中に鈴を鳴らしてはならない。聖体が顕示されている祭壇でも、40時間の礼拝中のように聖体が顕示されている間の教会内の他の全ての祭壇でも、日曜日であっても鈴は鳴らされるべきではない[35]。さらに、結婚式あるいは葬儀が執り行われている間、脇祭壇で鈴は鳴らすべきではない。聖歌隊が聖務日課を唱えている間も、荘厳ミサのために司式者と助祭・副助祭が祭壇へ向かう、

---

[33] S.R.C. 4377.
[34] *Amer. Eccl. Review*, February, 1905, p. 184. を参照。
[35] S.R.C. 3151, 10 and 3448, 2.

図 4　許容される鈴　　　　図 5　ルブリカに規定
　　　　　　　　　　　　　　　　された祭壇の鈴

あるいは荘厳ミサ後に香部屋に戻る間も、教会内で行列が行われている間も、鈴は鳴らされるべきではない[36]。

c）**鳴らし方**　鈴はソフトに、優しく、しかし後ろの席でも聞こえるように十分大きな音で鳴らすべきである。鈴を鳴らす際には性急さや乱暴は避けなければならない。鈴を長く鳴らすためには、鈴を1回振ることが好ましい。従って、*Sacntus* の際には別々に3回、それぞれが近すぎないように振る。*Hanc igitur* の際には1回振る。聖変化の際には侍者は全部で鈴を6回鳴らすが、4回片膝をつく時に1回づつと司祭が聖体を奉挙する時の1回、再び司祭がカリスを奉挙する時の1回である。ルブリカは司祭が聖体あるいはカリスを奉挙し始めてから再び祭壇上に置くまで、さらに2回鳴らすこと、及び連続的に鈴を鳴らすことを許容している。前者はより良い方法であり、広く行われている。

d）**鈴はどのようなものか**　ミサ典書のルブリカによれば、祭壇の鈴は小さなハンドベルである[37]。適切さにおいて、簡素な1連の美しい音の鈴に匹敵す

---

[36] De Carpo-Moretti, 449; *Matters Liturgical*, 126.

るものはない。Van der Stappen 司教によれば、適切に調整された3連あるいは4連の小さな鈴は許容されるが、ルブリカに規定された1連の鈴が好ましいことを付け加えている[38]。

e）鈴はどのようなものであってはならないか　鐘（gong）は禁止されている[39]。台に据え付けられた板あるいは管のチャイム、祭壇の階段の下に埋めこまれたキーボードで操作する管で構成されたいわゆる祭壇電子チャイムは好ましくない。このような装置は劇場のものであり、内陣の趣ではない。

25　聖体拝領の皿あるいはパテナ

2つの異なる慣習が行われているため、聖体拝領の皿あるいはパテナを、これを持つ者の観点から述べるのが最良である。

a）聖体を拝領する者が持つ場合　秘蹟聖省により出された指示（1929 年 3 月 26 日）によれば、信徒は聖体を拝領する間に顎の下で保持する金属の皿を使用することになっている。信徒はこの皿を信徒自身の手から手へ渡す。侍者はこれに関して何も指示されていない[40]。

b）侍者が持つ場合　侍者が聖別されていないパテナを聖体拝領を受けている者の顎の下で保持することは、この国及び明らかに他の国々で長い間の慣習となってきた。この侍者は司祭の右側を歩き、聖体を拝領するそれぞれの者の顎の前ではなく約2インチ（5cm）下でパテナを保持する。パテナは微細な小片がパテナの上に落ちた場合に滑り落ちないように、パテナは常に水平に保たなければならない。パテナは聖体を拝領する者に決して触れてはならない。祭

---

[37] *Ritus cel.*, VII, 8.
[38] Vol. III, p. 116.　*Emmanuel*, June, 1926. も参照のこと。
[39] S.R.C. 4000, 3. 教令中で言及されている器具は我々の鐘に類似している。
[40] この指示は *Matters Liturgical*, 3rd ed. Appendix, pp. 9-12 に全て書かれている。そしてそこでは、*Ephemerides Liturgicae*, 1930, pp. 72-74. からの貴重な注釈も見出されるであろう。

壇に戻るとすぐに、侍者は司祭とともに壇に上り、パテナを清めるために祭壇の上に置く。

質疑への回答で、秘蹟聖省は（1930年10月）、上記のようなパテナの使用が、聖体拝領の皿の使用に関する教令により全く禁止されていないことを言明した。「従って我々の侍者は、聖体の小片が落ちないようにパテナを水平に保つよう注意するのであれば、ミサに奉仕する時に聖体が配られる間パテナを保持することを続けても良い[41]。」

皿あるいはパテナいずれかの使用は、まだ聖体拝領台で広げられなければならない聖体拝領布を廃止することにはならない。皿あるいはパテナの使用は、聖体の小片を守るための追加の用心に過ぎない。

26　侍者の聖体拝領：優先権

一般的な規則として、侍者は他の全ての者より先に聖体を拝領する。しかしこの記述は、この主題に関する2つの重要な教令と整合させるためにいくつかの条件を必要とする[42]。これらは以下のように短くまとめることができる。

　a）侍者が通常の侍者、従って平信徒である場合、修道女を含めた他の平信徒より先に聖体を拝領する。しかしこの侍者は、上級聖職者、下級聖職者あるいは剃髪のみを受けた者より先に聖体を拝領しない。婚姻ミサでの新郎新婦のような典礼で特別に認められた一定の特権のある者より先にも聖体を拝領しない。

　b）下級聖職である侍者は下級聖職の他の者より先に聖体を拝領するが、上級聖職者より先ではない。上で言及した特権のある者には下級聖職者を上回る優先権が与えられなければならないが、上級聖職者を上回る優先権は与えられない。

　c）ミサに奉仕する平信徒は、カソックとスルプリを着ていなくても、祭壇の壇で跪きながら、内陣で聖体を拝領する[43]。

---

[41] *Amer. Eccl. Review*, Oct., 1931, p. 413.
[42] S.R.C. 1074, July 13, 1658; and 4328, June 30, 1915.
[43] S.R.C. 4271, 1.

聖体を拝領する時、侍者は布、カード、あるいは聖体拝領の皿かパテナを顎の下で保持する。司祭のカズラあるいはストラの下部を聖体拝領布として使用してはならない[44]。

27 聖水を差し出す

香部屋のドアに聖水盤がある場合、内陣に入る際に侍者が指を聖水盤の中に浸して、伸ばした指を司祭に差し出すのが慣習である。侍者は十字の印をして進む。歌ミサのように数人の侍者がいる場合、聖水盤側にいる者が聖水をとり、それぞれが相方に差し出す。助祭がいない場合、最後の侍者が聖水を司祭に差し出す。

灌水式が行われる場合、香部屋のドアで誰も聖水をとらない。灌水式は日曜日の主たるミサの前に行われ、他の日には行われない。

28 ミサ典書を祭壇に運ぶ

ルブリカは、読誦ミサで使用されることになっているミサ典書は、司式することになっている司祭が目印をつけるために、香部屋に残されると想定している。これが遵守される場所では、侍者は司祭の前を歩きながらミサ典書を祭壇に運ぶ。侍者は両手をそれぞれの隅にして、ミサ典書を下方から保持する。ページが開く側を左側にして、上部を胸に置く。祭壇で侍者は、ミサ典書を開く側を十字架側にして、書見台の上に置く。閉じたミサ典書の背は、書簡側にあろうと福音書側にあろうと、決して祭壇の中央に向けない。侍者はミサ典書を開いてはならないし、ページをめくってもならない[45]。ミサの終わりに侍者はミサ典書を香部屋に運んで戻す。

多くの教会では、ミサ典書を祭壇へそして祭壇から運ばないのが慣習である。この慣習はルブリカに反するものでもない。「ミサ典書を侍者が香部屋から祭壇に運ぶことに関して、ルブリカは断定的(例外を認めずに)ではなく、これに反する慣習を非難していない。・・・・*Baltimore Ceremonial*は『司祭が着

---

[44] Van der Stappen, Vol. V, p. 47.
[45] S.R.C. 2572 and 3448, 14.

衣した後で、ミサ典書が既に祭壇上にあるのでなければ、侍者はミサ典書を持つ。』と正しく述べている[46]。」

29　ミサ中のミサ典書の移動

　ミサ典書を持ちに行く際、及びミサ典書を祭壇上に置いた後で戻る時には、侍者は床を歩く。侍者は側面の階段から壇に上り、壇から下る。しかし、実際にミサ典書を運んでいる間は、正面の階段から正面に下りて来て、床で片膝をついた後で、正面の階段を上り祭壇上にミサ典書を置く[47]。侍者は書簡側の壇上で司祭が祭壇の中央に行くまで立っている。ミサ典書を移動させた後で、侍者は福音書の壇上で同じ様に立ち、司祭が福音書を始めるまで待っている。

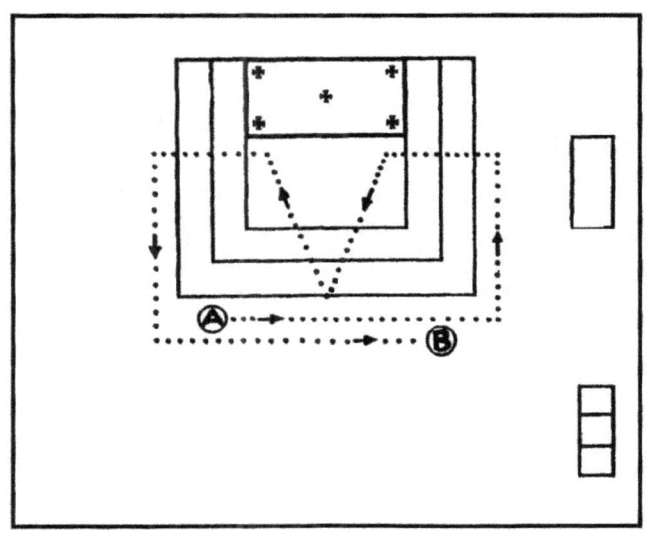

図6　ミサ中のミサ典書の移動

---

[46] *Amer. Eccl. Review*, Nov., 1929, p. 513; *Baltimore Cer.*, 9th ed., p. 58.
[47] Fortescue, p. 84; Callewaert, p. 158, note 6, 他。ルブリカはミサ典書がどのように運ばれるか明記していない。

侍者奉仕

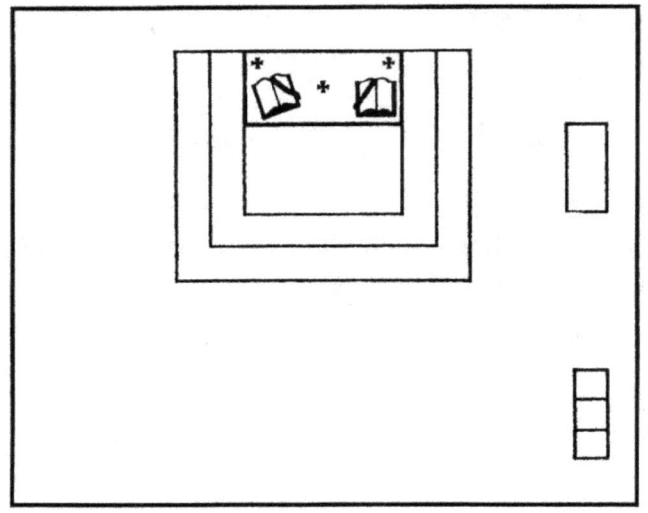

図7　ミサ典書の祭壇上への置き方。書簡側と福音書側

　図6はミサ典書を書簡側から福音書側に移動させる際に通る経路を示している。書簡の終わりに、侍者はAの位置で立ち上がり、点線をたどってBまで行き、ここで福音書を読む間立っている。

　図7はミサ典書が書簡側と福音書側に置かれる時のそれぞれの位置を示している。書簡側では書見台の正面は祭壇の正面と平行でなければならない。福音書側では決してこのようには置かれず、幾分祭壇の中央側に向けなければならない。司祭は福音書を読む間、幾分会衆の方を向くように想定されている。

30　祭壇に背を向ける

　侍者は祭壇に直接背を向けないように注意するべきである。これは聖体が納められていてもいなくても、全ての祭壇に当てはまる。このことから、侍者が内陣で横向きあるいは後ろ向きに歩くようここで指示されていると推測してはならない。そのようなことは断じてない。

　この規則が意味している事の1つは、多くの例も挙げられようが、1つの例によって説明することができる。奉献でワインと水を差しだした後、侍者が祭器卓に戻るために右側に回る場合、*Lavabo* で奉仕するために祭器卓を離れる

時に左に回るべきである。この規則の遵守は侍者の側に思慮深さ、神の聖なる祭壇への深い崇敬と敬意を必要とする。

31 奉挙のろうそく

　ミサ典書のルブリカは、読誦ミサで3本目のろうそくが*Sanctus*の際に点火され、聖体拝領後まで点火されたままでいることを規定している。これは「Sanctusのろうそく」、「奉挙のろうそく」あるいは「聖変化のろうそく」と様々に呼ばれている。残念ながら、このルブリカはもはや広くは遵守されていない。しかしこれが遵守されてる場所では、ろうそくは祭壇上に置かれないことが望ましく、侍者が保持してはならない。ろうそくは書簡側の壁につけられた腕木に置かれるべきである。あるいは祭器卓の上や床の上、侍者の近くの祭壇の階段の上で燭台に据えられても良い[48]。

　「燭台の大きさと材質は、明らかに地域性による。Hartmannは教会の会衆から見えるように、適切な大きさとして1.50メートル（59インチ）の燭台に言及している。他の者は復活の燭台のような大きさを述べ、同じ大きさの2つの燭台がそれぞれ書簡側と福音書側に置かれ、後者が復活ろうそくとして使用されることを提案している[49]。」

32 奉挙でのカズラの保持

　助祭がいない全てのミサで、4回片膝をつく間ではなく、ホスチアとカリスの実際の奉挙の間、侍者は壇に跪いてカズラの下部をわずかに持ち上げる。片膝をつく間、侍者はカズラに触れない。各奉挙の際、下部を4インチ（10cm）か5インチ（12.5cm）位持ち上げながら、ほんのしばらくの間カズラを保持する。カズラは司祭から離すように、外側に伸ばしてはならない。わずかであっ

---

[48] Martinucci, Vol. I, p. 139; Fortescue, p. 85; De Herdt, Vol. I, p. 405; Callewaert, p. 162; Van der Stappen, Vol. III, p. 64; De Carpo-Moretti, p. 201. この美しい象徴的なろうそくの不使用は、慣習である場所では許されている。S.R.C. 4029, 2.

[49] *Amer. Eccl. Review*, Vol. 51, 1914, p. 488. そのような二つの燭台の説明については、*Liturgical Arts Review*, Vol. I, No. 2, 1932, p. 60.を参照。

ても引っ張るべきでもない。壇上で跪いている間、侍者は胸を叩かず、十字の印もしない。壇が狭い場合、侍者は最上段で跪いても良い。

　a）唯1人の侍者がいる場合、侍者は司祭の右側で壇の端に跪く。ホスチアあるいはカリスの聖変化で最初に片膝をついた後、侍者は左手でカズラの下端の中央を保持し、右手で鈴を鳴らす。侍者はホスチアあるいはカリスが祭壇上に置かれた時にカズラを放す。

　b）2人の侍者がいる場合、それぞれが司祭の両側で跪き、一方は右手で他方は左手で両方の侍者がカズラの下端を保持する。カズラを保持する際には、手が等しい高さになることが重要である。統一性を確保するため、左側の侍者は右側の侍者に合わせるべきである。練習により、最年少の侍者であってもこの儀式を適切な方法で行うよう教えることができる。

　c）4回片膝をつくそれぞれの箇所で、侍者はお辞儀をする（お辞儀M）。それぞれの奉挙で侍者は聖なるパンとぶどう酒を見上げ、教皇ピオ十世により十分な贖宥が与えられた祈祷文「わが主よ、わが神よ」を唱える。

　d）奉挙の際、ある権威は侍者が壇で跪くために上る前と再び床に戻った時のどちらでも、片膝をつくよう指示していない。他の権威は両方を規定している[50]。また、他の権威は侍者が床に戻った時のみ片膝をつくよう指示している[51]。この慣習は、聖体がコルポラーレの上にある間、どのような目的であっても壇に上る前と再び床に戻ってすぐに侍者が片膝をつく一般的な規則に、より整合している。

33　特別な季節と機会のための特別な儀式

　a）特に四旬節と四季の斎日の一定の日には、いくつかの書簡あるいは朗読がありえる。四季の斎日の土曜日の第五の朗読の後を除き、各朗読の後で侍者は *Deo gratias* を答える。侍者はこれらの朗読が、*Kyrie eleison* の後で司祭が振り向いて *Dominus vobiscum* を唱えず、すぐにミサ典書に向かう日にはいつでも読まれることになっていることを知るであろう。ミサの通常の書簡は、常

---

[50] Van der Stappen, Vol. V, p. 46.
[51] Callewaert, p. 163.

に祭壇の中央で唱えられる *Dominus vobiscum* の後で、いつものように来る。これらの日に、司祭が書簡側にいる間に *Flectamus genua* を唱える時、侍者は *Levate* を答える。

　ｂ）階段祈祷の一部である詩篇 42 は、黒の祭服で行われるミサ、及び受難の主日から聖木曜日まで紫の祭服で行われるミサでは省かれる。

　ｃ）待降節、四旬節、四季の斎日、いくつかの他の機会の一定の悔悛の日には、助祭と副助祭は折ったカズラを身につける。第２アコライトの補佐で、副助祭は最後の集祷文の間にカズラを脱ぎ、書簡の後で司式者の祝福を受けた時に再びカズラを身につける。カズラの脱衣と着衣は座席で行う。

　司式者が福音書を読み始めたらすぐに、助祭は第１アコライトの補佐で、祭器卓に行き折ったカズラを脱ぐ。助祭は本物のストラの上に broad stole を身につけ、聖体拝領の後まで着衣したままでいる。助祭はミサ典書を書簡側に移動させた後、再び祭器卓に行き broad stole を脱ぎカズラを身につける[52]。

　ｄ）聖週間の間、すなわち枝の主日とこれに続く火曜日と水曜日、聖金曜日には、４つのミサで受難が読まれるか歌われる。*Dominus vobiscum* 等は始まりで省かれるが、*Laus tibi Christe* は終わりで唱えられる。これは司祭が２度目に福音書側に行き受難のナレーションを読み終えた時に唱えられる。聖金曜日を除き、司祭は読み終えた時に本にキスをする。

　ｅ）御復活の週の間、ミサの終わりに司祭は *Ite missa est, alleluia, alleluia* を唱える。侍者は *Deo gratias, alleluia, alleluia* を答える。

　ｆ）死者の日及び御降誕には司祭は３つのミサを行っても良く、主日と守るべき祝日には２つのミサを行っても良い。これらの機会には、ミサが同じ祭壇で行われる場合、司祭は最後のミサまでカリスを清めない。従って、侍者はミサ典書はいつものように移動させるべきであるが、最後のミサでのみ、すすぎのためのワインと水を差し出すべきである。

　ｇ）御復活の主日から御昇天まで、全ての主日に、そして慣習がある場合には他の日及び復活節の間に行われる荘厳祭の際に、荘厳ミサと荘厳晩課（歌ミ

---

[52] *Rub. gen.*, XIX, 6, and Fortescue, p. 271. を参照。

サと歌われる晩課）で復活ろうそくが点火される[53]。復活ろうそくは、歌ミサの代わりとなる小教区あるいは共同体の読誦ミサでも点火しても良い。しかし復活ろうそくは紫あるいは黒の祭服で行われるミサでは決して点火してはならない[54]。

復活ろうそくは聖体降福式では点火しない[55]。しかし晩課が聖体降福式の直前に行われ、晩課の間に復活ろうそくが点火された場合には、復活ろうそくは聖体降福式の間、点火したままにする[56]。

御昇天で、復活ろうそくは最初の福音書の後で消火され、もはや使用されない。

h）死者ミサでは聖職者は本書の101と101ページで述べられているように、点火したろうそくを持っても良いし、一般的には持つ[57]。しかしながら、ルブリカはろうそくの分配を絶対的には規定せず、単に「ろうそくが分配されることになっている場合」と述べている[58]。

34 クレドの間の姿勢

読誦ミサ及び歌ミサで司式者がクレドを朗唱している間、侍者は跪くべきであろうか、それとも立つべきであろうか？　この質疑は繰り返し問われてきた。その回答はミサ典書の一般的なルブリカに含まれている（Rubr. gen. XVII, 2）。最良の権威は[59]、本書の45、55及び65ページで指示されているように、侍者がクレドの間に跪くよう規定することに事実上同意している。

既に述べられたように、O'Connellは読誦ミサと歌ミサの両方で跪く姿勢を規定しているが、歌ミサでは以下の脚注を加えている。「ある著者は、荘厳ミサ

---

[53] S.R.C. 235, 11.
[54] Merati, 1, 4, 10.
[55] S.R.C. 3479, 3.
[56] S.R.C. 4383, 1.
[57] *Ritus Cel. Missam, XIII*, 3.
[58] *Ritus ser., XIII*, 3; Augustine *Liturgical Law*, p. 287.
[59] 彼らの中にWapelhorst (10 ed.) sections 131, n. 6, and 155, n. 5; Fortescue (6th ed.), pp. 84 and 144; De Carpo-Moretti (1932), sections 445 and 868; O'Connell, The Celebration of Mass (1940), Vol. II, p. 194; and Vol. III, p. 202; Callewaert, *Caeremoniale* (1934), pp. 161 and 229. この一覧に追加をするのは容易であろう。

からの類推により、特別な務めに従事していない時には侍者が立つよう指示している。そうする場合、侍者は（a）司祭がクレドの *Et incarnatus* を朗唱する時に片膝をつき、（b）Sanctus の後から奉挙の後まで跪き、（c）祝福のために跪かなければならない。」(Vol. III, p. 201)

侍者奉仕

第2章　　ミサでの祈祷文

侍者は別に指示がなければ、両手を合わせてまっすぐに跪く。それぞれの十字 ✠ で侍者は司祭とともに十字の印をする。

司祭：　　In nómine ✠ Patris, et Fílii, et Spíritus Sancti. Amen.

交唱

司祭：　　Introíbo ad altáre Dei.
侍者：　　Ad Deum, qui laetíficat juventútem meam.

詩篇42

司祭：　　Júdica me, Deus, et discérne causam meam de gente non sancta; ab hómine iníquo et dolóso érue me.
侍者：　　Quia tu es, Deus, fortitúdo mea: quare me repulísti, et quare tristis incédo, dum afflígit me inimícus?
司祭：　　Emítte lucem tuam et veritátem tuam: ipsa me deduxérunt et adduxérunt in montem sanctum tuum, et in tabernácula tua.
司祭：　　Et introíbo ad altáre Dei: ad Deum qui lætíficat juventútem meam.
司祭：　　Confitébor tibi in cíthara, Deus, Deus meus: quare tristis es, ánima mea, et quare contúrbas me?
侍者：　　Spera in Deo, quóniam adhuc confitébor illi: salutáre vultus mei, et Deus meus.

侍者は司祭が唱える間、司祭とともに頭を下げる。

司祭：　　Glória Patri, et Fílio, et Spirítui Sancto.

ミサでの祈祷文

侍者： Sicut erat in princípio, et nunc, et semper: et in saécula saéculorum. Amen.
司祭： Introíbo ad altáre Dei.
侍者： Ad Deum qui laetíficat juventútem meam.

上の詩篇は黒の祭服で行われるミサ、及び受難の主日から聖木曜日まで紫の祭服で行われるミサでは省かれる。これらのミサでは交唱のみが唱えられる。

司祭： Adjutórium nostrum ✠ in nómine Dómini.
侍者： Qui fecit caelum et terram.

Confiteor

司祭は *Confiteor* を唱え、その間、侍者は頭も下げず胸も叩かずにまっすぐに跪く。*Confiteor* の終わりで侍者は頭を下げ、わずかに司祭の方を向いて唱える。

侍者： Misereátur tui, omnípotens Deus, et, dimíssis peccátis tuis, perdúcat te ad vitam aetérnam.
司祭： Amen.

次に侍者はお辞儀をし（お辞儀 M）、はっきりとそして急がずに *Confiteor* を唱える。*tibi pater* と *te pater* の言葉の箇所で侍者は少し司祭の方を向く。*mea culpa, mea culpa, mea maxima culpa* の箇所で侍者は胸を3回叩く。侍者は *Misereatur vestri* に続く *Amen* までお辞儀をしたままでいる。

侍者： Confíteor Deo omnipoténti, beátae Maríae semper Vírgini, beáto Micháeli Archángelo, beáto Joánni Baptístae, sanctis Apóstolis Petro et Paulo, ómnibus Sanctis, et tibi, pater: quia peccávi nimis cogitatióne verbo, et ópere: mea culpa, mea culpa, mea máxima culpa. Ideo precor beátam Maríam semper Vírginem, beátum Michaélum Archángelum, beátum Joánnem Baptístam, sanctos Apóstolos Petrum et Paulum, omnes Sanctos, et te, pater, oráre pro me ad Dóminum Deum nostrum.

司祭： Misereátur vestri, omnípotens Deus, et, dimíssis peccátis vestris, perdúcat vos ad vitam aetérnam.
侍者： Amen. （侍者はこの時まっすぐに跪く）
司祭： Indulgéntiam, ✠ absolutiónem et remissiónem peccatórum nostrórum tríbuat nobis omnípotens et miséricors Dóminus.
侍者： Amen.

侍者は中位のお辞儀をして、お辞儀をしたままでいる。

司祭： Deus, tu convérsus vivificábis nos.
侍者： Et plebs tua laetábitur in te.
司祭： Osténde nobis, Dómine, misericórdiam tuam.
侍者： Et salutáre tuum da nobis.
司祭： Dómine, exáudi oratiónem meam.
侍者： Et clamor meus ad te véniat.
司祭： Dóminus vobíscum.
侍者： Et cum spíritu tuo. （侍者はこの時まっすぐに跪く）

司祭は祭壇へ上り、入祭文を読むために書簡側に行く。黒の祭服を身につけている時を除き、司祭は入祭文を十字の印 ✠ をして始める。キリエが入祭文に続く。

司祭： Kyrie, eléison.
侍者： Kyrie, eléison.

ミサでの祈祷文

司祭：	Kyrie, eléison.
侍者：	Christe, eléison.
司祭：	Christe, eléison.
侍者：	Christe, eléison.
司祭：	Kyrie, eléison.
侍者：	Kyrie, eléison.
司祭：	Kyrie, eléison.

グロリア

（グロリアは司祭が黒あるいは紫の祭服を身につけている時には省かれる）

Glória in excélsis *Deo*. Et in terra pax homínibus bonae voluntátis. Laudámus te. Benedícimus te. *Adorámus te*. Glorificámus te. *Grátias ágimus tibi* propter magnam glóriam tuam. Dómine Deus, Rex caeléstis, Deus Pater omnípotens. Dómine Fili unigénite, *Jesu Christe*. Dómine Deus, Agnus Dei, Fílius Patris. Qui tollis peccáta mundi, miserére nobis. Qui tollis peccáta, mundi, *súscipe deprecatiónem nostram*. Qui sedes ad déxteram Patris, miserére nobis. Quóniam tu solus sanctus. Tu solus Dóminus. Tu solus Altíssimus, *Jesu Christe*. Cum Sancto Spíritu, in glória Dei Patris. Amen.

司祭：	Dóminus vobíscum.
侍者：	Et cum spíritu tuo.
司祭：	Per ómnia saécula saeculórum.
侍者：	Amen.

書簡の終わりに：

侍者：	Deo grátias.	（侍者はミサ典書を持ちに行く）

侍者奉仕

福音書の始まりに：

司祭： Dóminus vobíscum.
侍者： Et cum spíritu tuo.
司祭： Sequéntia sancti Evangélii 等 ✠ ✠ ✠
侍者： Glória tibi, Dómine.

福音書の終わりに：

侍者： Laus tibi, Christe.

クレド

Credo in unum Deum. Patrem omnipoténtem, factórem caeli et terrae, visibílium ómnium et invisibílium. Et in unum Dóminum *Jesum Christum*, Fílium Dei unigénitum. Et ex Patre natum ante ómnia saécula, Deum de Deo, lumen de lúmine, Deum verum de Deo vero. Génitum, non factum, consubstantiálem Patri: per quem ómnia facta sunt. Qui propter nos hómines, et propter nostram salútem descéndit de caelis. *Et incarnátus est de Spíritu Sancto ex María Vírgine: Et homo factus est.* Crucifíxus étiam pro nobis: sub Póntio Piláto passus, et sepúltus est. Et resurréxit tértia die, secúndum Scriptúras. Et ascéndit in caelum: sedet ad déxteram Patris. Et íterum ventúrus est cum glória judicáre vivos, et mórtuos: cujus regni non erit finis. Et in Spíritum Sanctum, Dóminum, et vivificántem: qui ex Patre, Filióque procédit. Qui cum Patre, et Fílio *simul adorátur* et conglorificátur: qui locútus est per Prophétas. Et unam sanctam, cathólicam et apostolicam Ecclésiam. Confíteor unum baptísma in remissiónem peccatórum. Et exspécto resurrectiónem mortuórum. Et vitam ventúri saéculi. Amen.

福音書あるいはクレドの後

司祭： Dóminus vobíscum.
侍者： Et cum spíritu tuo.

Lavaboの後

司祭： Oráte, fratres: ut meum ac vestrum sacrifícium acceptábile fiat apud Deum Patrem omnipoténtem.

次いで、司祭が再び祭壇に向いた時に

侍者： Suscípiat Dóminus sacrifícium de mánibus tuis ad laudem et glóriam nóminis sui, ad utilitátem quoque nostram, totiúsque Ecclésiae suae sanctae.

序唱

15の序唱がある。以下は聖三位一体の主日及び固有の序唱のない全ての年間の主日に唱えられるものである。

司祭： Per ómnia saécula saeculórum.
侍者： Amen.
司祭： Dóminus vobíscum.
侍者： Et cum spíritu tuo.
司祭： Sursum corda.
侍者： Habémus ad Dóminum.
司祭： Grátias agámus Dómino Deo nostro.
侍者： Dignum et justum est.
司祭： Vere dignum et justum est, aequum et salutáre, nos tibi semper et ubíque grátias ágere: Dómine sancte, Pater omnípotens, aetérne Deus: Qui cum unigénito Fílio tuo et Spíritu Sancto,

unus es Deus, unus es Dóminus: non in uníus singularitáte persónae, sed in uníus Trinitáte substántiae. Quod enim de tua glória, revelánte te, crédimus, hoc de Fílio tuo, hoc de Spíritu Sancto sine differéntia discretiónis sentímus. Ut in confessióne verae sempiternaéque Deitátis, et in persónis propríetas, et in esséntia únitas, et in majestáte adorétur aequálitas. Quam laudant Angeli atque Archángeli, Chérubim quoque ac Séraphim: qui non cessant clamáre quotídie, una voce dicéntes:

Sanctus, sanctus, sanctus, Dóminus Deus Sábaoth. Pleni sunt caeli et terra glória tua. Hosánna in excélsis. Benedíctus qui venit in nómine Dómini. Hosánna in excélsis.

聖変化の少し前に、司祭がカリスの上に両手を広げる時、侍者は鈴を鳴らし、司祭の近くで壇上に跪く。

Pater Noster の前

司祭： Per ómnia saécula saeculórum.
侍者： Amen.
司祭： Orémus: Praecéptis salutáribus móniti, et divína institutióne formáti, audémus dícere:

Pater noster, qui es in caelis: Sanctificétur nomen tuum: Advéniat regnum tuum: Fiat volúntas tua, sicut in caelo, et in terra. Panem nostrum quotidiánum da nobis hódie: Et dimítte nobis débita nostra, sicut et nos dimíttimus debitóribus nostris. Et ne nos indúcas in tentatiónem:

侍者： Sed líbera nos a malo.

短い休止の後で

司祭： Per ómnia saécula saeculórum.

ミサでの祈祷文

侍者：	Amen.
司祭：	Pax Dómini sit semper vobíscum.
侍者：	Et cum spíritu tuo.

Agnus Dei で

侍者は頭を下げて、司祭が行うのと同じ時に胸を叩く。

Domine Non Sum Dignus で

侍者は鈴を3回鳴らす。侍者は胸を叩かない。

聖体拝領の後

司祭：	Dóminus vobíscum.
侍者：	Et cum spíritu tuo.
司祭：	Per ómnia saécula saeculórum.
侍者：	Amen.
司祭：	Dóminus vobíscum.
侍者：	Et cum spíritu tuo.
司祭：	Ite missa est. （ミサでグロリアが唱えられた時）
司祭：	Benedicámus Dómino. （グロリアが唱えられなかった時）
侍者：	Deo grátias. （項目 33 e を参照）
司祭：	Benedícat vos omnípotens Deus, Pater, ✠ et Fílius, et Spíritus Sanctus.
侍者：	Amen.

死者のためのミサで

司祭：	Requiéscant in pace.
侍者：	Amen.

最後の福音書の始まりで

司祭：	Dóminus vobíscum.

侍者奉仕

侍者： Et cum spíritu tuo.

司祭： Inítium ✠ ✠ ✠ sancti Evangélii secúndum Joánem.

侍者： Glória tibi, Dómine.

最後の福音書の終わりに

侍者： Deo grátias.

ミサ後の祈祷文の間、侍者は司祭の右側で、最下段に跪く。

第3章　　　読誦ミサ

侍者1人の読誦ミサ

　全ての侍者は1人でミサ奉仕ができることが重要である。これができ、そして上手にできるまでは、誰も自分が侍者であると考えるべきではない。「共通の儀式動作」に含まれている34の項目の内、20を超える項目が読誦ミサに当てはまる。侍者はこれらに通じていると想定されている。以下の一般的な規則も有用であろう。

　1　侍者の通常の場所は、最後の福音書が祭壇カードから読まれる時を除き、ミサ典書の反対側である。

　2　2つの福音書の間、あるいは何かの務めを行っている時を除き、侍者はミサ全体の間跪く。階段祈祷の間と奉挙の際を除き、侍者は最下段で跪く[1]。

詳細な指示

　侍者はミサが始まる少なくとも10分前に香部屋にいるべきである。聖体の前で短い黙想を行い、カソックとスルプリを身につけるべきである。侍者は瓶・皿と手拭タオルが祭器卓の上にあり、祭壇の覆いあるいは塵よけの布がはずされ、3枚の祭壇カードが適切な場所にあり、2本のろうそくが点火され、最後に、これが慣習である場合にはミサ典書が書簡側で書見台の上にあることを確認する。

　祭壇への途中で　司祭が着衣した時、ミサ典書がすでに祭壇上にあるのでなければ侍者はミサ典書を持ち、司祭とともに十字架にお辞儀をし（お辞儀H）、祭壇まで司祭の前を行く。慣習である場所では、香部屋のドアのところで侍者は聖水を取り司祭に差し出す。両者は十字の印をする。香部屋のドアのところに鈴がある場合、通る際に侍者は鈴を優しく鳴らす。

---

[1] 1段しかない場合、ある権威は侍者がミサ全体中に床で跪くよう指示している。これはどのルブリカにも規定されていない。

侍者奉仕

　ミサが行われることになっている祭壇への途中で、聖体が納められている祭壇の前を通る場合、侍者は司祭とともに片膝をつく。聖体が顕示されているか、聖体が配られている祭壇の前を通る際、両者は跪き、中位のお辞儀をして進む。奉挙の際の祭壇を通る際、両者は奉挙が終わるまで跪く。

　祭壇で　祭壇の中央近くに到着した時、入堂が書簡側からである場合には、司祭が侍者と祭壇の階段の間を通れるように侍者は後ろに下がる。侍者は司祭の右側に立ち、ビレッタを受け取る。司祭がお辞儀をするか片膝をつく時、侍者は片膝をつく。侍者はビレッタを祭器卓の上かどこか他の都合の良い場所に置き、ミサ典書を書見台に置く。これを行う際、脇の階段から壇に上り再び床に戻る。次いで侍者は、祭壇の中央を通る時に片膝をつくことに注意しながら、福音書側に行く。侍者は中央から約2フィート（60cm）、最下段から1フィート（30cm）のところで立っている。

　ミサの開始　司祭がミサを始めるために床に下りて来た時、侍者はまっすぐに跪き、司祭とともに十字の印をする。侍者は十分にはっきりと、急がずに、祈祷文を答える。侍者は *Gloria Patri* でお辞儀をし（お辞儀H）、*Adjutorium nostrum in nomine Domini* で十字の印をする。司祭の Confiteor の間、侍者はお辞儀をせず、胸も叩かない。*Misereatur tui* 等を唱える間、侍者は少し司祭の方を向き、お辞儀をする（お辞儀H）。次いで祭壇に向かってお辞儀をしながら（お辞儀M）、侍者は *Confiteor* を唱える。*tibi pater* と *te pater* の言葉で侍者は少し司祭の方を向く。侍者は *mea culpa, mea culpa, mea maxima culpa* の言葉で胸を3回叩く。侍者は *Misereatur vestri* の後で *Amen* を答えるまでお辞儀をしたままでいる。次いで、侍者はまっすぐに跪きながら、*Indulgentiam* 等で十字の印をする。残りの階段祈祷の間、侍者は祭壇に向かって中位のお辞儀をする（お辞儀M）。司祭が祭壇に上る時、侍者は立ち上がる。侍者は片膝をつかずに、まっすぐに最下段の端にある自分の場所に行き、跪く。

読誦ミサ

キリエで キリエで侍者は *Kyrie eleison* を1回、*Christe eleison* を2回、再び *Kyrie eleison* を1回答える。*Dominus vobiscum* が唱えられる時にはいつもこの後に、侍者は *Et cum spiritu tuo* を答える。*Per omnia saecula saeculorum* の後には、侍者は常に *Amen* を答える。書簡の間、司祭は両手をミサ典書の上か祭壇の上に置く。書簡を読み終えた時、司祭は左手をわずかに上げるか、声を下げる。これは侍者が *Deo gratias* を答えるための合図である。侍者はすぐに立ち上がり、中央で片膝をつき、「共通の儀式動作」の項目29で指示されているようにミサ典書を福音書側に移動させる。一定の日には2つ以上の書簡あるいは朗読が読まれるかもしれない。項目33aを参照。ミサ典書を福音書側に置いた後で、侍者は最上段で立つ。侍者は福音書の始まりの祈祷文を答え、司祭とともに3回十字の印をする。福音書の冒頭の言葉でイエズスの聖なる名が出てくる場合、侍者はお辞儀をする（お辞儀H）。出てこない場合、侍者はお辞儀をしない。右側から回りながら、侍者は床に下り、書簡側に行く。福音書の間、侍者は幾分司祭の方を向きながら立っている。福音書の終わりに侍者は *Laus tibi, Christe* を答え、跪く。侍者はクレドの間は立たない。クレドが唱えられる場合、司祭が *Et incarnatus est* の言葉で片膝をつく時、侍者はお辞儀をする（お辞儀H）。

奉献で 司祭がカリスからカリスベールをはずす時、侍者は立ち上がり、片膝をつかずに、瓶を持つためにまっすぐに祭器卓に行く[2]。侍者は右手にワインの瓶を、左手に水の瓶を持つ。項目18を参照。侍者は最上段に上り、司祭が近づいてくる時に司祭にお辞儀をする（お辞儀H）。侍者はワインの瓶を差し出し、すぐに水の瓶を右手に移して、左手でワインの瓶を受け取る。差し出す前と再び受け取る時に、侍者はそれぞれの瓶にキスをする。水の瓶を受け取るとすぐに侍者はお辞儀をし（お辞儀H）、祭器卓に戻る。瓶を差し出す際及び *Lavabo* でお辞儀Hは全部で4回行われる。

---

[2] ここで述べられている瓶を差し出す方法は、*Lavabo* での儀式と同様に、我々の *Baltimore Ceremonial* 及び De Herdt、Callewaert、Van der Stappen 他で見出される。

侍者奉仕

Lavabo で 侍者は手拭タオルを広げて左腕に掛ける。侍者は右手に水の瓶を、左手にボールあるいは皿を持ち、再び最上段に上る。司祭が近づいてくる時にお辞儀をし、司祭の指の上に少量の水を優しく注ぐ。瓶は司祭の人差し指の先の約1インチ（2.5cm）上に保つ。水を注ぐ際、瓶は円形に動かすべきではない。司祭がより容易にタオルを取ることができるように、侍者は右側を向く。タオルを受け取るとすぐに、侍者はお辞儀をして、瓶、皿及びタオルを祭器卓の上に置く。瓶は濡れた皿の上ではなく、祭器卓の上に置く。次いで侍者はまっすぐ書簡側の自分の場所に行き、跪く。*Orate fratres* で侍者は司祭が再び祭壇の方を向くまで待ち、次いでお辞儀をせずに *Suscipiat Dominus* 等を答える。

叙唱で 侍者は叙唱の始まりの小句を答え、*Sanctus* で3回鈴を鳴らす。項目24ｃを参照。奉挙のろうそくが点火することになっている場合、この時に侍者は、片膝をつかずに、奉挙のろうそくに点火するために書簡側に行く。項目31を参照。

奉挙で *Hanc igitur* の祈祷文で司祭は両手をカリスの上で広げる。侍者は鈴を鳴らし、立ち上がり、壇で跪くことになっている場所のすぐ下の地点まで中央の方へ行く。次いで片膝をつかずに、侍者は上り、司祭の右側で壇の端に跪く。項目24と32を参照。侍者は4回片膝をつく毎に1回鈴を鳴らし、奉挙毎に1回鳴らす。4回の片膝をつく間ではなく、ホスチアとカリスを実際に奉挙している間、侍者は左手でカズラの下端をわずかに持ち上げる。片膝をつくそれぞれの際に、侍者はお辞儀をする（お辞儀M）。最後に片膝をついた後、侍者は立ち上がり、左側から回り、床に下り、片膝をつき、自分の場所に行く。項目30を参照。

奉挙後 侍者は聖体拝領まで跪いたままでいる。その間、侍者は *Pater Noster* で答え、*Agnus Dei* で司祭とともにお辞儀をして（お辞儀H）胸を叩

く。*Domine non sum dignus*で侍者はこの言葉が唱えられる度に鈴を1回鳴らすが、胸は叩かない。

聖体が配られない場合　司祭がカリスからパラをはずした時、侍者は立ち上がり、瓶を持つためにまっすぐに祭器卓に行く。侍者は右手にワインの瓶を、左手に水の瓶を持つ。侍者は脇の階段に行き、片膝をつき、最上段に上る。司祭が御血を拝領する間、侍者はお辞儀をする（お辞儀M）。次いで、司祭がカリスを侍者に向かって保持する時、侍者は司祭の近くに上りながらカリスの中にワインを注ぐ。侍者は瓶をカリスの約1インチ（2.5cm）上で保持し、司祭が止める合図としてカリスをわずかに持ち上げるまで、ワインをカリスの中に優しく注ぐ。次いで、右側から回りながら、侍者は最上段の自分の場所に戻る。司祭が2回目のすすぎのために近づいてくる時、侍者は司祭にお辞儀をして（お辞儀H）、瓶で司祭の指に触れないようにしながら、司祭の指の上に最初にワインを、次いで水を注ぐ。お辞儀を繰り返す。どちらのすすぎでも、瓶にキスをしない。2回目のすすぎで瓶は司祭の指の近くで保持する。ワインと水はゆっくり注ぐべきであり、これを行う際に瓶は円形に動かしてはならない。奉挙のろうそくが*Sanctus*の後に点火された場合には、侍者は瓶を祭器卓に置いた後に奉挙のろうそくの火を消す。

聖体が配られる場合　侍者は瓶を持つために祭器卓に行く代わりに、福音書側を向きながら書簡側の最下段で跪く。司祭が御血を拝領した時、侍者はお辞儀をして（お辞儀M）、*Confiteor*を唱える。ここは項目24a、項目25と26の全体を注意深く読むこと。聖体を配る間、パテナを持つ侍者が司祭につく場合、侍者は司祭の右側を歩く。祭壇に戻るとすぐに、侍者は司祭とともに上り、パテナをコルポラーレの近くの祭壇上に置き、司祭がパテナをすぐに清める場合にはパテナが清められのを待つ。次いでパテナを受け取りながら、侍者は片膝をつき、司祭が聖櫃の扉を閉めるまで書簡側で最下段に跪く。しかしパテナがすぐに清められない場合、侍者は片膝をつき、下りて、

上で指示されているように跪く。その時には、パテナはすすぎの後で祭壇から取り去られるであろう。

すすぎの後 侍者はカリスベールを福音書へ運ばない。侍者はミサ典書を書簡側に戻し、これを行う際にミサ典書を福音書側に運ぶ時と同じ一般的な指示を遵守する。項目 29 を参照。ミサ典書の移動の後、侍者は福音書側の自分の通常の場所で跪き、最後の福音書の始まりを含めた祈祷文までを答える。

最後の福音書がミサ典書から読まれることになっている場合、司祭はミサ典書を開いたままにするであろう。*Ite missa est* で答えた後すぐに、侍者はミサ典書を最初の福音書でのように移動させる。侍者が中央を通る時に祝福が与えられている場合、侍者はそこで祝福を受けるために跪く。そうでなければ、侍者はミサ典書を祭壇上に置いて、福音書側でミサ典書の近くの最下段で跪きながら祝福を受ける。次いで、立ち上がりながら、侍者は最初の福音書でのように応唱をし、全てを行う。次いで侍者は書簡側に行き、そこで幾分司祭の方を向いて立っている。最後の福音書の終わりで、侍者は *Deo gratias* を唱える。

ミサ後の祈祷文の間 侍者は床ではなく最下段で、司祭のそばに跪く[3]。これらの祈祷文の間、ミサ典書が福音書側に運ばれていて、別のミサが続くことになっている場合、この時に侍者はミサ典書と書見台を書簡側に運んで戻す。侍者がミサ典書を香部屋に持って戻ることになっている場合、侍者はミサ典書を書見台からはずして、司祭のそばで跪く。ミサ典書が書簡側にある場合、司祭が聖ミカエルへの祈祷文を始める時がミサ典書を取りに行くに十分な時間であろう。しかし侍者がミサ典書を香部屋に持って行かないことになっている場合、侍者は祈祷文の終わりまで司祭のそばに跪いたままでいる。

---

[3] Wapelhorst, p. 157; Menghini, p. 23; De Carpo-Moretti, p. 203; Callewaert, p. 167.

司祭がカリスを持つために祭壇に上る時、侍者はビレッタを取りに行く。司祭が床に下りた時、侍者は司祭にビレッタを手渡す。司祭がお辞儀をしても片膝をついても、侍者は片膝をつき、香部屋へ司祭の先を行く。侍者は司祭とともに十字架に向かってお辞儀をし（お辞儀H）、司祭が望む場合には司祭の脱衣を手伝う。ろうそくの消火と瓶の運搬の際には、侍者は項目 10 及び 19 で述べられている事を遵守する。

死者のための読誦ミサ

1　詩篇 *Judica* は省かれる。
2　瓶にも他のどのような物にもキスをしない。
3　*Agnus Dei* で胸を叩かない。
4　*Ite missa est* の代わりに司祭は *Requiescant in pace* を唱え、侍者は *Amen* を答える。

顕示された聖体の前での読誦ミサ

1　鈴はミサのどの部分でも鳴らさない。
2　瓶にも他のどのような物にもキスをしない。
3　*Lavabo* で司祭が両手を洗う間、司祭と侍者の両方は床の上に立つ。司祭は会衆の方を向き、侍者は司祭の方を向く。
4　祭壇に到着した時、及びミサ後に祭壇から去る時に司祭と侍者の両方は両膝で跪き、お辞儀をする（お辞儀M）。ミサ中の膝をつく動作は全て片膝のみで行われる[4]。
5　何の目的であっても、祭壇に上る前と再び下りた後で、床の上で片膝をつく。しかしながら、ミサ典書を移動される時には、侍者は祭壇の中央を通る時のみ片膝をつく[5]。

---

[4] S.R.C. 3426, 6.
[5] S.R.C. 3975, I, 102.

侍者奉仕

婚姻の読誦ミサ

　地域的な慣習のために、結婚に伴う儀式は、重要性の低い点では、いくらか異なっている。

　以下の物を準備するべきである。（ａ）指輪のための小さな皿；（ｂ）マニプル；（ｃ）灌水器と灌水棒。最初の２つは祭壇の上に、最後のものは壇あるいはどこか他の場所に置いても良い。

　１　婚姻固有の儀式は司祭が祭壇に行ったらすぐに行われる。新婦と新郎は壇の端で跪く。司祭は右側の侍者とともに、これらの方を向く。新婦と新郎が右手を合わせた後まもなく、司祭はこれらの者に聖水を振りかける。侍者は灌水棒の準備ができているであろう。

　２　次いで指輪が祝別される。この儀式の間、司祭は祭壇の方か新郎新婦の方のどちらを向いても良い。後者の場合、侍者は指輪をのせた皿を持つ。どちらの場合でも侍者は司祭と同じ方向を向く。

司祭：　　Adjutórium nostrum in nómine Dómini.
侍者：　　Qui fecit caelum et terram.
司祭：　　Dómine, exáudi oratiónem meam.
侍者：　　Et clamor meus ad te véniat.
司祭：　　Dóminus vobíscum.
侍者：　　Et cum spíritu tuo.
司祭：　　Orémus, 等・・・・ Per Christum Dóminum nostrum.
侍者：　　Amen.

　次いで指輪に聖水が振りかけられ、新郎は新婦の指に指輪をはめる。

司祭：　　Confírma hoc, Deus, quod operátus es in nobis.
侍者：　　A templo sancto tuo quod est in Jerúsalem.
司祭：　　Kyrie eléison.

読誦ミサ

侍者：	Christe eléison.
司祭：	Kyrie eléison.
司祭：	Pater noster ・・・・ et ne nos indúcas in tentatiónem.
侍者：	Sed líbera nos a malo.
司祭：	Salvos fac servos tuos.
侍者：	Deus meus, sperántes in te.
司祭：	Mitte eis, Dómine, auxílium de sancto.
侍者：	Et de Sion tuére eos.
司祭：	Esto eis, Dómine, turris fortitudinis.
侍者：	A fácie inimíci.
司祭：	Dómine, exáudi oratiónem meam.
侍者：	Et clamor meus ad te véniat.
司祭：	Dóminus vobíscum.
侍者：	Et cum spíritu tuo.
司祭：	Orémus, 等 ・・・・ Per Christum Dóminum nostrum.
侍者：	Amen.

　司祭はマニプルを身につける。侍者は灌水器と皿を片付ける。ミサが始まる。

　3　*Pater Noster* 後の *Sed libera nos a malo* で司祭は書簡側に行き、新郎新婦の方を向いて立つ。侍者は片膝をつき、壇に上り、書見台からミサ典書を取る。侍者は司祭の前で立ちながらミサ典書を保持する。2つの祈祷文が読まれる。それぞれの祈祷文の終わりに侍者は *Amen* を答える。2つ目の祈祷文の終わりで侍者はミサ典書を書見台の上に置き、自分の場所に行く。

　4　*Benedicamus Domino* あるいは *Ite missa est* の後で *Deo gratias* を答えたらすぐに、侍者は再びミサ典書を書見台から取り、司祭の前で開いて保持する。1つの短い祈祷文が読まれ、この終わりに侍者は *Amen* を答える。次いで司祭は新しく結婚した2人に話しかけても良い。司祭は2人に聖水を振りかけ、ミサがいつものように終わる。

ある場所では、侍者は、司祭の前で本を保持するよう指示されている2つの場面で祭壇上のミサ典書ではなく、別のミサ典書、あるいは香部屋の儀式書 Sacristy Ritual、あるいは大型の O'Connell 神父の *Benedictionale* [6]のような大型の堂々とした本を持つ。

司教の読誦ミサ

　司教のミサでは2人の侍者がいるべきである。多分、チャプレンを務める1人か2人の司祭あるいは聖職者もいるであろう。読誦ミサの通常の儀式に加えて、侍者は以下を遵守する。

　1　他に指示がないのであれば、祭壇上で4本のろうそくに点火する。

　2　ミサ前に祭器卓の上に燭台にのせた2本のろうそくを置く。これらは *Sanctus* で点火し、聖体拝領後に消火する。この時間中、侍者はこのろうそくを持ちながら、祭壇前のいつもの場所で跪く。しかしながら、侍者の代わりに、通常のたいまつ持ち2人をこの目的のために用いても良い。これらの者には他の務めはないであろう。

　3　司教は祭壇で着衣しても良い。司教は順に肩衣、アルバ、チングルム、胸十字架、ストラ、カズラの順に身につける。死者ミサを除き、司教はマニプルをミサ前ではなく、祭壇の床で *Indulgentiam* を唱える時に身につける。

　4　侍者は司教が両手を洗うために3回水を差し出す。（a）着衣前、（b）*Lavabo* で、（c）2回目のすすぎの後。

---

[6]　婚姻のミサについてここで収載されている論文では、著者は Wapelhorst の *Compendium*, 401 及び *Matters Liturgical*, 794 で記述されているような通常の婚姻儀式を念頭に置いている。ルブリカは司祭と侍者が立つ場所が祭壇であるのか跪き台であるのかに関して言及していない。新郎新婦が儀式あるいはミサの間にどこで跪くかに関しても、何も規定していない。他の著者を望むのであれば、O'Kane の *The Rubrics of the Roman Ritual*, 1030 及び Fortescue の *The Roman Rite*, p. 433 を参照。教会法 1100 [1917 Code] は婚姻の典礼に関して *称賛に値する慣習* の維持を許容している。このような事柄については、Wapelhorst と *Matters Liturgical* が安全な手引きである。

司式者がその司教区の司教、あるいは自分の管区内の大司教、あるいはローマ外での枢機卿である場合、司式者が両手を洗う間、侍者は跪く。そうでなければ、侍者は立ったままでいる。

　5　*Gloria* の後、司教は *Dominus vobiscum* の代わりに *Pax vobis* を唱える。答えは同じ、*Et cum spiritu tuo* である。

　6　チャプレンがいない場合、瓶は司教に手渡し、いつものように瓶にキスをする。瓶をチャプレンに手渡す場合、瓶にはキスをしない。

　7　チャプレンがいる場合、侍者は奉挙で壇に跪かない。

　8　以下の小句がミサの終わりの祝福に先行する。

司教：　Sit nomen Dómini benedíctum.
侍者：　Ex hoc nunc et usque in saéculum.
司教：　Adjutórium nostrum in nómine Dómini.
侍者：　Qui fecit caelum et terram.
司教：　Benedícat vos omnípotens Deus Pa ✠ ter, et Fí ✠ lius, et Spíritus ✠ Sanctus.
侍者：　Amen.

侍者2人の読誦ミサ

　小教区のミサ及び荘厳な機会には、読誦ミサで2人の侍者が許される[7]。2人を超える侍者は用いるべきではない。

　1　適切な箇所で説明されるように、2つの福音書の間、あるいは何かの務めを行っている時を除き、侍者はミサ全体の間跪く。

　2　1人の侍者が何かをある場所から別の場所に運ぶために行く時、他方の侍者は立つ[8]。

---

[7] S.R.C. 3059, 7.
[8] Fortescue, Menghini.

3　ミサ中の侍者の場所は、祭壇の方を向いた正面の最下段の両端である。しかし下に述べられている最初の3回の場面では、侍者は間に司祭のための場所を空けながら、中央近くに残る。

a）司祭がミサを始めるために床に下りて来る前
b）階段祈祷の間
c）ミサ後の祈祷文の間
d）聖体が配られる間、侍者の1人がパテナを持って聖体拝領台で司式者につくのでなければ、侍者は向き合いながら脇の階段で跪く。2人の司祭が聖体を配る場合、それぞれの侍者は司祭につく。項目25を参照。

4　第1侍者の位置は書簡側であり、第2侍者の位置は福音書側である。侍者は決して位置を交代しない。祭壇の正面にいようと脇にいようと、第1侍者は常に第2侍者の右側にいる。

それぞれの侍者は「侍者1人の読誦ミサ」の儀式に精通していることが想定されている。このミサでの2人の侍者は、侍者1人の読誦ミサで1人の侍者に割り当てられている務めを分担しているに過ぎない。

詳細な指示

侍者はミサが始まる少なくとも10分前に香部屋にいるべきである。聖体の前で短い礼拝を行った後で、カソックとスルプリを身につける。第1侍者は司祭の着衣を手伝い、第2侍者は瓶・皿と手拭タオルが祭器卓の上にあり、祭壇の覆いが外され、3枚の祭壇カードが適切な場所にあり、2本のろうそくに点火され、最後にこれが慣習である場合にはミサ典書が書簡側で書見台の上にあることを確認する。

祭壇への途中で　司祭が着衣した時、ミサ典書がすでに祭壇上にあるのでなければ第1侍者はミサ典書を持つ。両者は司祭とともに十字架にお辞儀をし（お辞儀H）、祭壇まで司祭の前を歩く。ドアに聖水盤がある場合、都合の良い方の侍者が聖水を取り、司祭と他方の侍者に差し出す。全員は十字の印

をして、進む。香部屋のドアのところに鈴がある場合、通る際に侍者の1人が鈴を優しく鳴らす。

祭壇で　侍者は第1侍者が第2侍者の右側で、並んで内陣に入る。入堂が福音書側からの場合、第2侍者は中央に着くとすぐに、司祭が自分と最下段の間を通れるように後ろに下がる。しかし、入堂が書簡側からの場合、上の注意は第1侍者に適用される。司祭がお辞儀をするか片膝をつく時、侍者は司祭のそばで片膝をつく。侍者がミサ典書を運ぶ場合、「侍者1人の読誦ミサ」で指示されているように全てを行う。しかし、ミサ典書が既に祭壇上にある場合、侍者はビレッタを祭器卓の上か長椅子の上に置いて自分の場所に戻る。両方の侍者は、司祭がミサを始めるために壇から下りて来るまで、片膝をついた場所で立ったままでいる。

ミサの開始　司祭が床に下りて来る時、侍者は最下段から約1フィート（30cm）のところでまっすぐに跪く。司祭とともに十字の印をした後で、侍者は十分にはっきりと、急がずに、祈祷文を答える。侍者は *Gloria Patri* でお辞儀をし（お辞儀H）、*Adjutorium nostrum in nomine Domini* で十字の印をする。司祭の *Confiteor* の間、侍者はお辞儀をせず、胸も叩かない。*Misereatur tui* 等を唱える間、侍者は少し司祭の方を向き、お辞儀をする（お辞儀H）。次いで祭壇に向かってお辞儀をしながら（お辞儀M）、侍者は *Confiteor* を唱える。*tibi pater* と *te pater* の言葉で侍者は少し司祭の方を向く。侍者は *mea culpa, mea culpa, mea maxima culpa* の言葉で胸を3回叩く。侍者は *Misereatur vestri* の後で *Amen* を答えるまでお辞儀をしたままでいる。次いで、侍者はまっすぐに跪きながら、*Indulgentiam* で十字の印をする。階段祈祷の残りの間、侍者は祭壇に向かって中位のお辞儀をする（お辞儀M）。司祭が祭壇に上る時、侍者は立ち上がり、片膝をつかずに自分の場所に行き、最下段で跪く。

侍者奉仕

キリエで キリエで侍者は *Kyrie eleison* を1回、*Christe eleison* を2回、再び *Kyrie eleison* を1回答える。*Dominus vobiscum* が唱えられる時にはいつもこの後に、侍者は *Et cum spiritu tuo* を答え、*Per omnia saecula saeculorum* の後には、侍者は *Amen* を答える。

　書簡の間、司祭は両手をミサ典書の上か祭壇の上に置く。書簡を読み終えた時、司祭は左手をわずかに上げる。両方の侍者は *Deo gratias* を答えて、立ち上がる。第1侍者は少し後ろに下がるが、自分の場所を離れず、片膝もつかない。第2侍者は項目29で説明されているように、中央に行き、片膝をつき、ミサ典書を福音書側に移動させる。福音書の始まりで、第2侍者は最上段で立ち、司祭とともに3回十字の印をする。福音書の冒頭でイエズスの聖なる名が出てくる場合、第2侍者はお辞儀をする（お辞儀H）。第2侍者は脇の階段から床に下り、司祭の後方の自分の場所に行く。福音書の終わりに両方の侍者は *Laus tibi, Christe* を答え、跪く。侍者はクレドの間は立たない。クレドが唱えられる場合、司祭が *Et incarnatus est* の言葉で片膝をつく時、侍者はお辞儀をする（お辞儀H）。

奉献で 司祭がカリスからカリスベールをはずす時、両方の侍者は立ち上がり、中央で片膝をつき、祭器卓に行く。第1侍者はワインの瓶を持ち、第2侍者は水の瓶を持つ[9]。両者は最上段に上り、司祭が近づいてくる時に司祭にお辞儀をする（お辞儀H）。第1侍者はワインの瓶を司祭に手渡す。第1侍者は司祭に差し出す前と再び受け取る時にワインの瓶にキスをする。第2侍者は同じやり方で水の瓶を差し出す。項目18を参照。次いで辞儀をしながら（お辞儀H）、向き合うように回り、祭器卓に行く。瓶を差し出す際及び *Lavabo* でお辞儀Hは全部で4回行われる。

Lavabo で 第1侍者は広げた手拭タオルを上の角で持ち、第2侍者は右手に水の瓶を、左手に皿を持つ[10]。両者は最上段に戻るが、瓶を差し出した

---

[9] Callewaert, p. 167.
[10] Fortescue, p. 83.

時よりも幾分左側の先に立つ。司祭が近づいてくる時にお辞儀をし、第2侍者は司祭の指の上に少量の水を優しく注ぐ。瓶は司祭の人差し指の約1インチ（2.5cm）上に保つ。瓶はしっかりと保ち、円形に動かすべきではない。タオルを受け取った時、侍者はお辞儀をして、瓶、皿及びタオルを祭器卓の上に置く。瓶は濡れた皿の上ではなく、祭器卓の上に置く。次いで侍者は祭壇の前に戻り、中央で片膝をつき、いつもの場所で跪く。*Orate fratres*で侍者は司祭が再び祭壇の方を向くまで待ち、次いでまっすぐに跪きながら*Suscipiat Dominus*等を答える。

叙唱で 侍者は叙唱の始まりの小句を答え、第1侍者は*Sanctus*で3回鈴を鳴らす。項目24cを参照。奉挙のろうそくを点火することになっている場合、第1侍者は、片膝をつかずに、奉挙のろうそくに点火するために書簡側に行く。項目31を参照。

奉挙で *Hanc igitur*の祈祷文で司祭は両手をカリスの上に保持する。第1侍者は鈴を鳴らす。両方の侍者は立ち上がり、それぞれは壇で跪くことになっている場所のすぐ下の地点まで中央の方へ行く。片膝をつかずに、壇の端に上り、跪く。第1侍者は司祭の右側、第2侍者は司祭の左側で跪く。壇が狭い場合、侍者は代わりに最上段で跪いても良い。聖変化の間、項目24と32で指示されているように、侍者はお辞儀をし、カズラを保持し、鈴をならす。

奉挙後 カリスの奉挙後、侍者は立ち上がり、向き合うように回り、床に下り、中央で片膝をつき、自分の場所に戻る。*Pater Noster*の終わりで答え、*Agnus Dei*でお辞儀をして（お辞儀H）胸を叩く。*Domine non sum dignus*で侍者は胸を叩かないが、第1侍者はこれらの言葉が唱えられる毎に鈴を1回鳴らす。項目9hと24aを参照。

聖体が配られない場合　司祭が聖体を拝領する間、侍者はお辞儀をする（お辞儀M）。司祭がカリスからパラをはずした後で片膝をつく時、両方の侍者は立ち上がる。侍者は中央に来ないし、片膝もつかない。第1侍者は瓶を持つために祭器卓に行く。第2侍者は福音書側に行く。両方の侍者は床で片膝をつき、それぞれの側で最上段に上る。司祭が御血を拝領する間、侍者はお辞儀をする（お辞儀M）。第1侍者は「侍者1人の読誦ミサ」でのようにすすぎで奉仕する。第1侍者が2回目のすすぎのためにカリスの中にワインと水を注ぐ時、第2侍者はミサ典書を書簡側に移動させる。ミサ典書を祭壇上に置いた後で、第2侍者は脇の階段から床に下りる。次いで両方の侍者は祭壇の前に行き、中央で片膝をつき、自分の場所に行く。しかし聖体が配られて、聖体拝領台に布がまだ広げられている場合、侍者は自分の場所に行く前に布を直す。

聖体が配られる場合　司祭がカリスからパラをはずす時、侍者は立ち上がり、中央で片膝をつき、聖体拝領台で聖体拝領布を用意するために行く。祭壇に戻るとすぐに、侍者は片膝をつき、脇の階段に行って向き合いながら跪く[11]。お辞儀をしながら（お辞儀M）、侍者は *Confiteor* を唱える。項目25を読むこと。

侍者が聖体を拝領する場合　第1侍者はカード、パテナ、あるいは皿を祭器卓から持ち、司祭が *Indulgentiam* を唱えた後で両方の侍者は司祭の前で壇の上に上り跪く。聖体を拝領した後で、侍者は床に下り、片膝をつき、脇の階段の自分の場所に戻る。侍者の1人あるいは両方が聖体拝領台で補佐することになっている場合、侍者は項目25で述べられていることを遵守すべきである。

聖職者が聖体を拝領する場合　第1侍者は祭器卓から聖体拝領布を持つ。*Indulgentiam* の後で、侍者は中央で一緒になり、片膝をつき、最上段に上

---

[11] Menghini, p. 26.

る。それぞれが布の端を持つ。侍者は分かれて壇の反対側の端で向かい合って跪く。布は4つの角で持ち、適度に張っておくべきである。最後の者が聖体を拝領した後で、侍者は来た道を戻る。侍者は中央で床に下りて、片膝をつき、聖櫃の扉が閉められるまで脇の階段のそれぞれの場所で跪く。

聖職者と侍者の聖体拝領 項目 26 を参照。そこでこの事は十分に扱われている。

すすぎの後 侍者は自分のいつもの場所で跪き、最後の福音書の始まりまで祈祷文を答える。侍者は祝福のために中央では跪かない。

最後の福音書がミサ典書から読まれることになっている場合、司祭はミサ典書を開いたままにするであろう。*Ite missa est* で答えた後すぐに、第2侍者はミサ典書をいつもの方法で移動させる。ミサ典書を持つ第2侍者が中央を通っている時に祝福が与えられる場合、第2侍者はそこで祝福を受けるために跪く。そうでなければ、第2侍者は福音書側でミサ典書の近くの最下段で跪きながら祝福を受ける。祝福の後、第2侍者は立ち上がる。第2侍者は *Dominus vobiscum* 等で答え、司祭の後方の自分の場所に行く。最後の福音書の終わりで、両方の侍者は *Deo gratias* を唱える。

ミサ後の祈祷文の間 司祭が壇から下りて来る時、侍者は最下段で司祭のそばに跪く[12]。祈祷文の後で、司祭がカリスを持つために祭壇に上る時、第1侍者はビレッタを取りに行く。ミサ典書を香部屋に持って戻ることになっている場合、第1侍者は「侍者1人の読誦ミサ」で侍者のために規定されている事を遵守する。司祭が床に下りて来た時、侍者は司祭にビレッタを手渡す。司祭がお辞儀をしても片膝をついても、侍者は片膝をつく。侍者は香部屋へ司祭の先を行き、再び司祭とともに十字架に向かってお辞儀をする。第1侍者は司祭の脱衣を手伝い、第2侍者はろうそくの火を消し、瓶を香部屋

---

[12] Wapelhorst, p. 157; Menghini, p. 23; De Carpo-Moretti, p. 203; Callewaert, p. 167.

に持ってくる。ろうそくの消火及び瓶の手入れについては、それぞれ項目10及び19を参照のこと。

第4章　　アコライト2人の歌ミサ

　歌ミサでの2人のアコライトは、一般に読誦ミサでの2人の侍者のために規定されている全てを遵守する。務めが異なる少数の点を以下で述べる。

準備する事

読誦ミサのためのようにいつもの事を準備する。さらに：
　a）祭壇上で4本あるいは6本のろうそくに点火する。
　b）ミサ典書は書見台の上で開く。
　c）カリスもまた祭壇上に置いても良い。
　d）灌水式が行われる場合、カズラとマニプルは通常、座席の上に置かれる。灌水式のカードが祭壇の階段に置かれる。このミサではアコライトはろうそくを運ばない。
　e）書簡を歌うことになっている聖職者がいる場合、追加のミサ典書が祭器卓の上に置かれる。
　f）聖職者あるいは聖歌隊がいる場合、アコライトは項目8で指示されているようにお辞儀をする。

灌水式

　灌水式は主日の主たるミサの前に行われ、他の日には行われない。アコライトは香部屋で水の祝別を補佐し、その際、アコライトは以下の応唱を行う。

司祭：	Adjutórium nostrum in nómine Dómini.
侍者：	Qui fecit caelum et terram.
司祭：	Dóminus vobíscum.
侍者：	Et cum spíritu tuo.

　アコライトはいくつかの祈祷文のそれぞれの終わりに、そして司祭が水に混ぜる塩で行う3回目の十字の後でも *Amen* を答える。

侍者奉仕

祭壇に向かう　全員香部屋で十字架にお辞儀をし、アコライトは祭壇まで司式者の前を行く。第1アコライトは灌水器と灌水棒を運ぶ。誰も香部屋のドアで聖水を取らない。アコライトは並んで歩く。第1アコライトは常に第2アコライトの右側にいる。

祭壇で　祭壇前に到着したらすぐに、第1アコライトはビレッタを受け取り、一時的に階段に置く。両方のアコライトは司式者とともに片膝をつき、最下段で司式者のそばに跪く[1]。第1アコライトは司式者に灌水棒を渡し、第2アコライトは司式者に灌水式のカードを手渡す。司式者は祭壇に、次いで自分自身に灌水し、その後司式者は立ち上がり、アコライトに灌水する。聖職者がいる場合、アコライトは聖職者の後に灌水を受け、その場合にはアコライトは灌水を受ける間立つ。

会衆の灌水　アコライトは灌水を受けたらすぐに立ち上がる。アコライトは司式者とともに片膝をつき、司式者が会衆を灌水しに行く時、司式者について行く。祭壇を去る時、第1アコライトが第2アコライトの前を通りながら、アコライトは司式者の後方で左右を交代する。第1アコライトは灌水器を運び、両方のアコライトはコープの端を保持する。再び祭壇に到着するとすぐに、アコライトは片膝をつく。第2アコライトは灌水式のカードを差し出す。第1アコライトは灌水器と灌水棒を片付けて、速やかに司祭のそばの自分の場所に戻る。祈祷文の後、全員片膝をつき、座席に行き、ここで司式者はコープを脱いでマニプルとカズラを身につける[2]。第2アコライトはコープを香部屋に持って行き、第1アコライトは司式者の着衣を手伝う。アコライトは祭壇まで司式者の前を行き、ミサが始まる。

---

[1] *Baltimore Ceremonial*, p. 68.
[2] これは香部屋あるいは祭壇前で行われても良い。S.R.C. 2027, 3; 3110, 4; 3108, 16.

ミサ

姿勢 灌水式がない場合、アコライトはろうそくを持たずに内陣に入り、階段祈祷の間、読誦ミサでの2人の侍者が行うようにふるまう。さらにアコライトは、2つの福音書の間あるいはある務めを行っている時、あるいは司式者が座席で座る間を除き、ミサ全体の間跪く。

座席で グロリアあるいはクレド、あるいは司式者が座ることになっている時にはいつでも、司式者は通常祭壇で片膝をつき、まっすぐに座席に行く。アコライトはすぐに中央に行き、片膝をつき、同様に座席に行く。しかし、何らかの理由で司式者が壇の代わりに床で片膝をつく場合、アコライトは中央で司式者とともに片膝をつき、座席まで司式者の前を行く。アコライトはカズラを座席の背もたれの上で整え、第1アコライトは司式者が座ったらすぐにビレッタを差し出す。

司式者が座席にいる間、アコライトは立っていても座っていても良い。(a) アコライトは向かい合いながら司式者の両脇で立っても良い。(b) アコライトは司式者の座席の端の辺りの前に置かれた腰掛けに座っても良い。アコライトは座る前に司式者にお辞儀をする（お辞儀H）。アコライトはグロリアとクレドの間に聖歌隊が「ミサでの祈祷文」でイタリックで印刷された言葉を歌う間、同様にお辞儀をする（お辞儀H）。アコライトが立っている場合、クレドの間、*Et incarnatus est* 等の言葉でアコライトは跪かなければならない。アコライトは座っている場合、座ったままでいても良い[3]。しかし跪くのが慣習である場合、アコライトは跪いても良い[4]。どちらの場合でもアコライトはお辞儀をする（お辞儀H）。グロリアとクレドの終わりで、アコライトが座っている場合には、アコライトは立ち上がり、司式者にお辞儀をする。第1アコライトはビレッタを受け取り、座席の上に置く。アコライトは祭壇まで司式者について行き、司式者とともに片膝をつき、いつもの自分の場所で跪く。

---

[3] S.R.C. 1421, 3; 1476,1; 1594,2; 3860.
[4] S.R.C. Sept. 17, 1897.

福音書で　第2アコライトは読誦ミサでのようにミサ典書を移動させる。しかしながら、ミサ典書を福音書側で祭壇上に置いたらすぐに、第2アコライトは司式者の後方の床の自分の場所に行く。アコライトではなく聖歌隊が福音書の始まりで小句を答える。

追加の侍者

たいまつ持ち　歌ミサではたいまつ持ちがいても良く、これらの者は荘厳ミサでのたいまつ持ちのために規定されている全てを行うであろう。たいまつ持ちは *Sanctus* でたいまつを持って内陣に入り、奉挙の後まで、あるいは聖体が配られる場合には聖体拝領の後まで残る[5]。たいまつ持ちがいない場合、アコライト自身はたいまつを運ぶべきではないが、アコライトの1人が祭壇前の内陣あるいは祭壇の両脇に置かれた大きな燭台にのった2つのろうそくに点火しても良い[6]。

書簡の詠唱者　第1アコライトが聖職者である場合、第1アコライトが書簡を歌う。最後の集祷文の始まりで第1アコライトは立ち上がり、ミサ典書を取りに祭器卓に行き、自分の場所に戻る。集祷文の結びで、*Jesum Christum* が出てくる場合にはこの言葉で祭壇に向かってお辞儀をする（お辞儀H）。次いで第1アコライトは中央に行き、片膝をつき、聖職者がいる場合には、最初に福音書側、次いで書簡側で、聖職者にお辞儀をする。第1アコライトは司式者の後方の自分の場所に戻り、ミサ典書を開いて書簡を歌う。書簡の結びで再び中央に行き、片膝をつき、前のようにお辞儀をし、ミサ典書を祭器卓の上に置く。

---

[5] Schober, p. 170, n. 3.
[6] De Herdt. I, p. 411. たいまつ持ちあるいはろうそくに関してここで述べられている事はみな許されているが、規定されていない。

アコライト二人の歌ミサ

　主たる補佐者　歌ミサで用いても良い侍者の数はどのルブリカによっても制限されていないが、項目 23 で述べられている事を念頭に置くのが良いであろう。O'Connell 神父により Fortescue の改訂版に挿入された以下の一節は礼部聖省の教令に基づいている[7]。

　「読誦ミサでの侍者としての務めに加えて、歌ミサでの司式者への主たる補佐者は以下の務めを行う。（1）平信徒である場合、ミサ典書で補佐し（ページをめくる等）、ハンドキャンドルの使用の資格のある高位聖職者のためにハンドキャンドルを保持しても良い。（2）聖職者である場合（すなわち剃髪を受けている場合）、書簡を歌うことになっており、奉献でカリスを祭壇に運んでも良い。そしてすすぎの後、－司祭がカリスを拭いた時に－カリスをカリスベールで覆い祭器卓に運んでも良い。上位聖職者である場合（すなわち少なくとも副助祭）、奉献でカリスを拭きワインと水を注いでも良い。カノンの間、必要である度にパラをはずして戻しても良い。そしてすすぎの後、荘厳ミサで行うように、カリスを拭いてカリスベールで覆い、移動させても良い[8]。」

---

[7] S.R.C. 3377,1 and 4181.

[8] *The Roman Rite*, p. 145. Comment: 教令では平信徒である侍者がミサ典書のところで補佐しても良いとは述べられていない。O'Connell は自身の著作中で「そのような補佐が平信徒である侍者にまで許されている高位聖職者の読誦ミサからの類推により(S.R.C. 4181, 7)、そして *Memoriale Rituum* の序論で書かれている指示に従って、ルブリカの専門家はそうであると述べている。」と書いている。*The Celebration of Mass*, Vol. III, p. 196, 12.

第5章　　アコライト2人の死者の歌ミサ

　アコライト2人の死者の歌ミサは、同じ数の侍者の通常の歌ミサとはわずかに異なっている。違っている主な点は：

　1　詩篇 *Judica* 及びグロリア、クレドは唱えない。

　2　司式者がキリエの歌の間、あるいは *Dies Irae* の間に座る場合、アコライトも「アコライト2人の歌ミサ」で説明されているように座るか立つ。

　3　司式者が書簡を読み終えた時に、ミサ典書は移動させない。これは司式者とアコライトが座席から祭壇に戻る時、*Dies Irae* の後すぐに行われる。

　4　瓶にも他のどの物にもキスをしない。

　5　*Agnus Dei* で胸を叩かない。

　6　たいまつ持ちがいる場合、たいまつは *Sanctus* から聖体拝領の後まで点火したまま残る。

　7　聖職者がいる場合、聖職者はこれら3つの別々の場面で点火したろうそくを持っても良い。（a）福音書の間。（b）*Sanctus* から聖体拝領の後まで。（c）ミサ後の赦免の間。第2アコライトは小ろうそくを持ち、ろうそくの点火に奉仕するべきである。第2アコライトは最初に *Dies Irae* の終わり頃に、再び叙唱の間、説教があるのでなければ終わりに最後の福音書の間にろうそくに点火する。説教がある場合、説教の後でろうそくに点火する[1]。

赦免

　赦免は、死者ミサにしばしば続く儀式である。これは遺体がある場合には柩で行われ、遺体がない場合には棺台で行われる。この儀式のために、式典係、香炉係、聖水を運ぶ侍者、十字架持ち、燭台上で点火したろうそくを持つアコライト2人がいると都合が良いであろう。

---

[1] 項目33hを参照。

アコライト二人の死者の歌ミサ

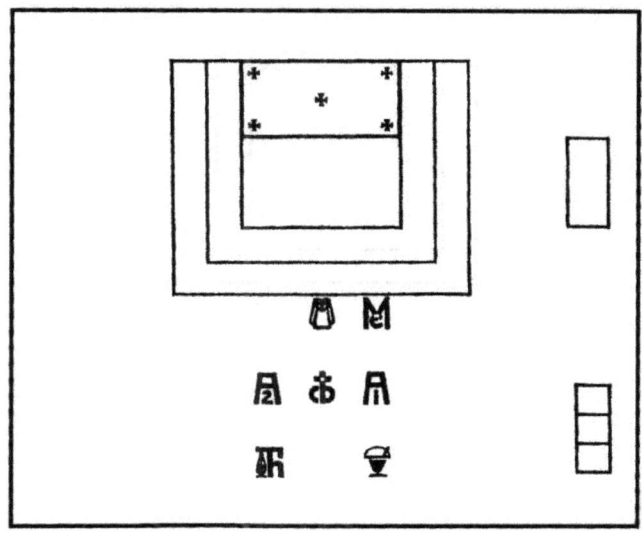

図8　葬儀：柩に行く直前と祭壇に戻った時の位置

　ミサの終わりに追加の侍者が内陣に入る。司式者は式典係の補佐で書簡側の床でカズラとマニプルを脱ぎ、黒のコープを着る。侍者はすぐに、図8で示されているように祭壇前で位置につく。全員祭壇を向く。一緒に片膝をつく。十字架持ちとアコライトは片膝をつかない。項目20を参照。全員回り、香炉係と侍者が先頭を行きながら、聖体拝領台の方へ行く。これら2人は左側に下がる。十字架持ちとアコライトは柩の右側を回って行き、祭壇を向きながら柩の遠い側の端で立つ。場所がある場合には、司式者がより容易に柩の周りを通れるように柩からいくらか距離を置いて立つべきである。式典係は儀式書を運び、必要である時に司式者の前で保持する。式典係は司式者の左側で立ち、司式者は両手を合わせて儀式書から読むか歌う。本持ちは司式者のすぐ前で本を持たず、いくらか左側で立つ。香炉係と聖水を持った侍者は同じように司式者の左側、しかし少し後方に立つ。図9を参照。

　全員が自分の場所に着いたらすぐに、司式者は式典係が面前で開いて保持する儀式書から *Non intres* の祈祷文を読むことで赦免の儀式を始める。印刷が小さい場合、司祭は自身で本を持つことを選んでも良い。

侍者奉仕

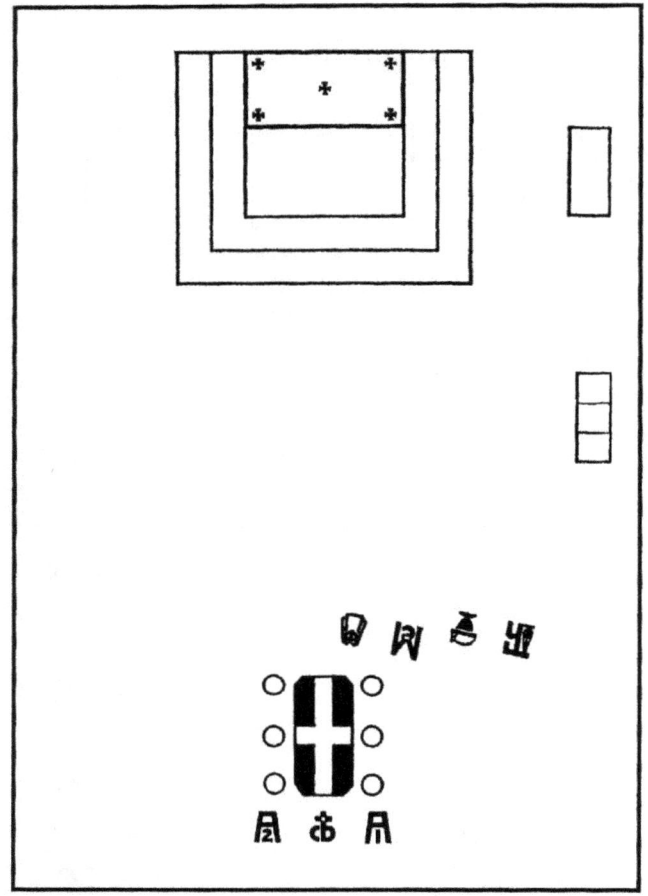

図9　柩での位置

　聖歌隊が *Libera me Domine* の言葉を繰り返し始める時、いつものように香炉の中に香が入れられる。これで補佐するために式典係は司式者の右側に進む。式典係は左手でコープの端を、右手で香舟を持つ。香が入れられて祝別された時、香炉と香舟を持つ香炉係は自分の場所に戻る。香炉係は香炉を振らない。

アコライト二人の死者の歌ミサ

　司式者が *Pater Noster* を先唱する時、聖水を持つ侍者は灌水棒を式典係に差し出し、次に式典係は司式者に手渡す。次いでこれらの２人は祭壇に向かって片膝をつき、司式者は柩の灌水のために柩の周りを行く。式典係は司式者の右側を歩き、コープの端を持つ。十字架を通る時、司式者はお辞儀をし、式典係は片膝をつく。聖体拝領台に戻るとすぐに、式典係は灌水棒を持ち侍者に渡す。式典係は香炉係から香炉を受け取り、司式者に差し出す。祭壇に向かって片膝をつくことが繰り返され、柩の献香が行われる。灌水の時と同じ儀式が行われる。柩の献香の後で、香炉は香炉係に戻され、全員元の位置に戻る（図9）。本持ちは司祭の前で本を持ち、司祭は両手を合わせて小句と残りの祈祷文を歌う。

　祈祷文の結びで全員祭壇に戻り、祭壇前で以前の位置につく（図8）。全員片膝をつき、香炉係とその相方が先頭を行きながら、香部屋に退く。項目20を参照。

第6章　　荘厳ミサ

準備する事

香部屋で　司式者、助祭及び副助祭のための祭服が以下の順で着衣机の上に広げられる。

副助祭	司式者	助祭
肩衣	肩衣	肩衣
アルバ	アルバ	アルバ
チングルム	チングルム	チングルム
マニプル	マニプル	マニプル
トゥニチェラ	ストラ	ストラ
	カズラ	ダルマチカ

　主日にのみ起こりえる灌水式が行われる場合、司式者はカズラの代わりにコープを着る。その場合、カズラと3つのマニプルは内陣で座席の上に置かれる。

　香部屋の適切な場所に、次の物も準備されるであろう。：　侍者のためのカソックとスルプリ、点火したろうそくを載せたアコライトの燭台、香炉と香舟、*Sanctus*で点火する準備のできたいまつ、灌水式が行われる場合には灌水器と灌水棒。

　祭壇で　6本のろうそくが点火され、ミサ典書はその日のミサの箇所で開いて書見台の上にある。3枚の祭壇カードが祭壇上にある。灌水式が行われる場合、灌水式のカードが祭壇の階段上にある。

荘厳ミサ

祭器卓で ここで次の物が準備される。：瓶、ボウル、タオル；書簡と福音書の本あるいは適切に印をつけた余分のミサ典書；ミサのために準備され、カリスベールと副助祭のためのフメラーレで覆われたカリス。便利のためにブルサはフメラーレの上に置かれる。

姿勢

内陣で全ての侍者により遵守される立ち、跪き、座るための一般的な規則が以下に書かれている。例外は適切な場所で書かれるか、自明であるかのいずれかである。

a）灌水式の間　　　　　　　　　　　　　　　立つ
b）ミサの始まりで　　　　　　　　　　　　　跪く
c）司式者が祭壇に上る時　　　　　　　　　　立つ
d）司式者が座っている時にはいつも　　　　　座る
e）司式者が祭壇に行くために立ち上がる時　　立つ
f）書簡の間と司式者が福音書を読む間　　　　座る
g）助祭により歌われる福音書の間　　　　　　立つ
h）司式者がクレドを唱える間　　　　　　　　立つ
i）歌われるクレドの間[1]　　　　　　　　　　座る
j）歌われるクレドの終わりに　　　　　　　　立つ
k）奉献の *Oremus* の後で　　　　　　　　　　座る
l）献香を受ける間　　　　　　　　　　　　　立つ
m）序唱の間　　　　　　　　　　　　　　　　立つ
n）*Sanctus* の後で　　　　　　　　　　　　　跪く
o）カリスの奉挙の後で　　　　　　　　　　　立つ
p）聖体拝領の後で　　　　　　　　　　　　　座る

---

[1] *Et incarnatus est* の際に座っている全ての者は座ったままでいるが、立っている者は跪かなければならない。S.R.C. 1421, 3; 1476, 1; 1594, 2; 3860. しかし1897年9月17日の教令は、これが慣習である場所では、座っている者が跪くことを許している。いずれの場合でも、お辞儀をする（お辞儀H）。御降誕とお告げの祝日には、全員跪かなければならない。

q）聖体拝領後の祈りの前の *Dominus vobiscum* で　　立つ
r）祝福で　　　　　　　　　　　　　　　　　　　跪く
s）福音書の間　　　　　　　　　　　　　　　　　立つ

t）跪き、立つための上記の規則に重要な一般的な例外がなされなければならない。一定の日には、集祷文と聖体拝領後の祈りの間と *Sanctus* から *Pax Domini sit semper vobiscum* まで全員は立つ代わりに跪かなければならない。これは全ての死者ミサ、及び待降節、四旬節、四季の齊日、断食の前日の週日のミサ（紫の祭服で行われるミサ）に適用される。しかしながら、祝祭の性質のために、この規則は御降誕、御復活及び聖霊降臨の前日には適用されず、聖木曜日と聖霊降臨に続く週の四季の齊日にも適用されない。

祭壇への行列

香炉係

第2アコライト　　第1アコライト

たいまつを持たないたいまつ持ち

式典係

副助祭

助祭

司式者

　侍者に関する限り、灌水式が行われても行われなくても、上の順序は変わらない。香部屋が祭壇の後方にある場合、行列は福音書側から内陣に入り、書簡側から香部屋に戻る[2]。

灌水式　全員着衣した時、式典係の合図で香部屋内の十字架にお辞儀をして、内陣に入る。香炉係は灌水器と灌水棒を運ぶ。アコライトは項目21で指示されているようにアコライトの燭台を運ぶ。たいまつ持ちは項目22に書かれている指示を遵守する。誰も香部屋のドアで聖水を取らない。祭壇前

---

[2] S.R.C. 3029, 12.

荘厳ミサ

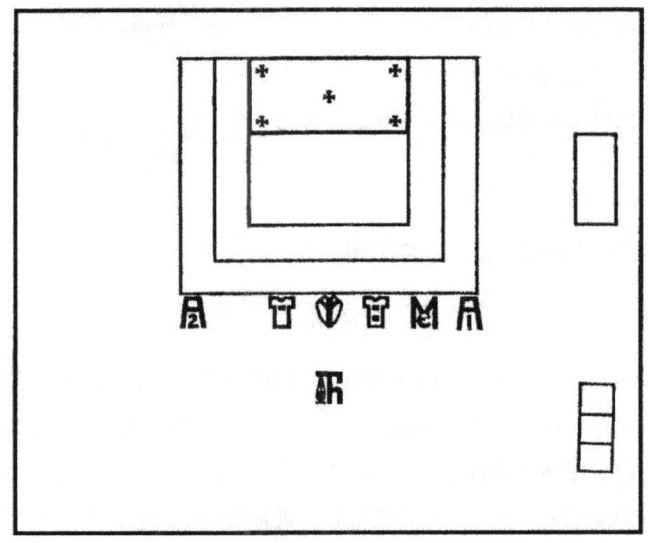

図 10　灌水式が行われない時に祭壇に到着した際の位置

で片膝をつく際、香炉係を除く全員が図 10 で示される位置につく。典礼上の聖歌隊（あるいは聖職者）がいる場合、全員は項目 8 に書かれた規則に従ってお辞儀をする。この項目は注意して学ぶべきである。

　式典係は助祭から助祭及び司式者のビレッタを受け取り、3 つ目のビレッタを受け取りに副助祭の左側に行く。式典係はビレッタを座席の上に置き、福音書側を向きながら書簡側で跪く。アコライトは再び片膝をつかずに、祭器卓に行き、ろうそくを祭器卓の上で奥の隅に置く。アコライトはそこで福音書側を向きながら跪く。香炉係は片膝をつき、助祭の右側で跪き、たいまつ持ちは自分の場所に行き、跪く。

　司式者が *Asperges* を先唱した後で助祭と副助祭が立ち上がったらすぐに、全員立ち上がる。香炉係は司式者と助祭・副助祭とともに片膝をつき、会衆への灌水の間、助祭の右側を歩く。香炉係は右手で灌水器を運ぶ。祭壇に戻ったらすぐに、香炉係は灌水器と灌水棒を香部屋に持って行く。

祈祷文の後で司式者と助祭・副助祭は片膝をつき、座席に行く。式典係は司式者がコープを脱いでマニプルとカズラを身につけるのを手伝う。助祭と副助祭はマニプルを身につけ、ミサが始まる。

ミサ

それぞれの侍者の務めを別々に記述する。

香炉係

香炉は4回必要になる。:（a）入祭文で；（b）福音書で；（c）奉献で；（d）奉挙で。内陣に入り、内陣から去る時、聖職者がいる場合、香炉係はお辞儀に関して項目8で述べられている事を遵守する。香炉係の内陣での通常の場所は祭器卓の所でアコライトの間であり、香舟持ちがいないのであれ香舟は祭器卓の上に置く。香炉係は香炉に香を入れてもらうために祭壇に上る時にはいつも、正面の階段ではなく、書簡側の脇の階段から上る。香炉係は項目11〜14の内容に精通しているべきである。

灌水式がない場合、香炉係は香炉を持ち、行列の先頭で内陣に入る。司式者の後方で片膝をついた後で、祭器卓の自分の場所に行き、そこで祭壇を向きながら立つ[3]。

入祭文で 司式者が祭壇に上る時、香炉係は速やかに壇に上り、図11で示されるように立つ。香炉係は香舟を式典係あるいは助祭に手渡し、香が入れられて祝別されている間、司式者の前で香炉を開けて保持する。香炉係は香炉を閉じて、助祭に手渡し、香舟を受け取り、いつもの自分の場所に行く。助祭が司式者の献香のために床に下りる時、香炉係は助祭の右側に立ち、献香の前後に助祭とともにお辞儀をする。香炉係は香炉を香部屋に持って行き、必要があれば、炭を新しくする。香炉の中に燃えた炭があることが重要であ

---

[3] 「あるいは *Confiteor* の終わり頃まで出て来なくても良い。香炉係が始まりで出て来る場合、開始の祈祷文と告白の間に立つべきか跪くべきか明確でない。ある権威は跪くべきだと述べている。またある権威は立つべきだと提案している。香炉係は香炉を運んでいるため、立つ方が都合が良いように思われる。」Fortescue, rev. ed., p. 96.

荘厳ミサ

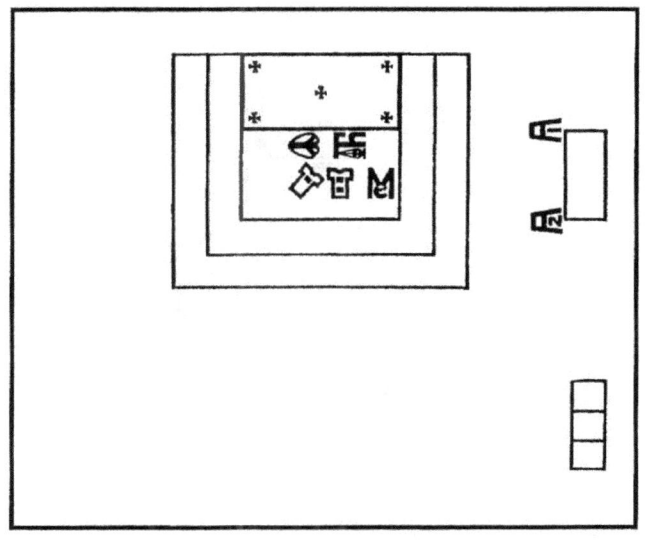

図 11　香を入れている間の位置

る。香炉係は香炉を香部屋に残し、内陣の自分の場所に戻る。

　福音書で　書簡の終わりに香炉係は香炉を取りに香部屋に行く。司式者が福音書を読み終えたらすぐに、香炉係は香を入れて祝別してもらうために、再び書簡側の脇の階段から壇に上る。香炉係は香炉を保持し、書簡側の床に下りて、そこで香舟を祭器卓の上に残す。香炉係は祭壇の正面までアコライトの先を行き、図 12 で示されるように段からいくらか距離を置いて立つ。香炉係とアコライトは祭壇の中央前に到着した時に片膝をつかない。助祭と副助祭が来て前に立つまで待つ。式典係からの合図で全員片膝をつき、聖職者がいる場合、最初に書簡側次いで福音書側で、聖職者に向かって全員お辞儀をする。次いで香炉係と式典係は、福音書が歌われる場所へ先頭になって行く。図 13 で示されているように、香炉係は助祭の左側で、少し後方に立つ。助祭が *Sequentia sancti Evangelii* を歌う時、香炉係は香炉を式典係に渡し、式典係は次いで香炉を助祭に差し出す。香炉係は再び香炉を受け取った時、煙で助祭を悩ませることがないように、香炉を振らない。福音書の終

侍者奉仕

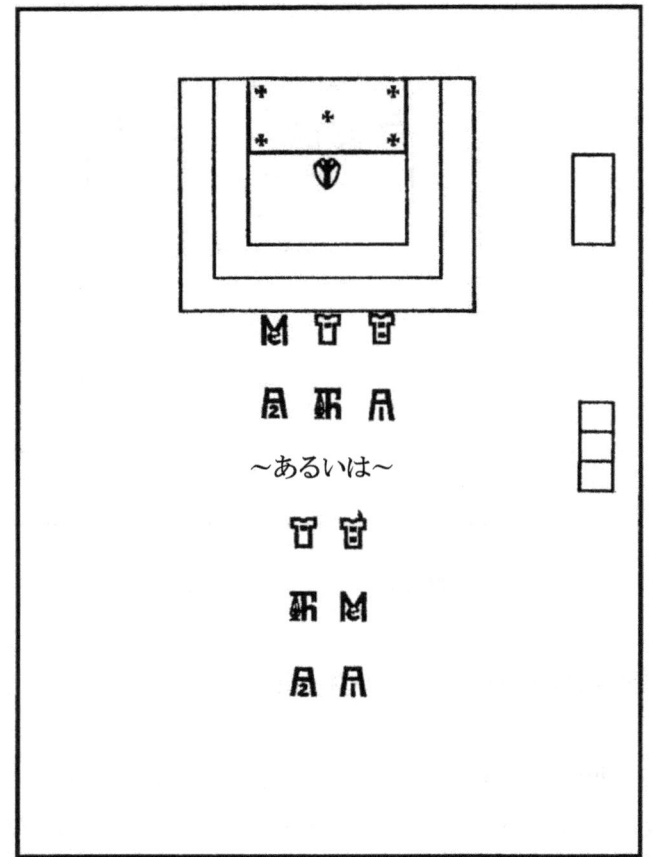

図 12　福音書が歌われる場所に行く前の位置

わりに香炉係は香炉を助祭に手渡し、助祭が司式者の献香を行う間、助祭の右側で立つ。両者は司式者が献香を受ける前後に、司式者にお辞儀をする（お辞儀 H）。

　香炉を受け取るとすぐに、説教がなければ、香炉係は中央で片膝をつき、香部屋に行く。しかし、クレドが先唱される場合、香炉係は Deum の言葉で司式者とともにお辞儀をし、片膝をつき、香部屋に行く。説教もクレドもない場合、香炉係は片膝をつき、香炉がすぐに必要となるために祭器卓に行く。

荘厳ミサ

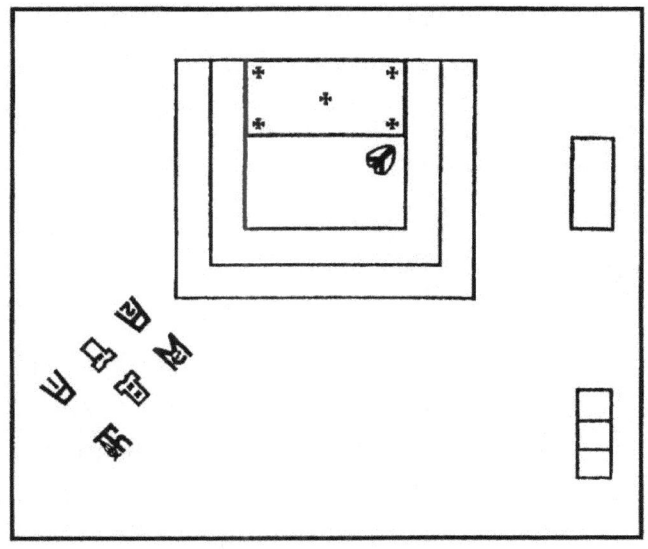

図 13　福音書の間の位置

奉献で　カリスの奉献の後すぐ、*Lavabo*の前に、香炉係は再び壇に上り、入祭文でのように全てが行われる。祭壇の献香が行われた後で、助祭は左側の香炉係とともに、司式者、聖職者及び副助祭の献香を行う。両者はいつものお辞儀をする（お辞儀 H）。助祭が副助祭の献香を行った後で、助祭は香炉を香炉係に渡し、司式者の後方の自分の場所に行く。香炉係は書簡側の隅に立ちながら、二振り2回で助祭の献香を行う。次いで、次々に香炉係は二振り1回づつで、式典係、第1アコライト及び第2アコライトの献香を行う。最後に聖体拝領台の所で立ちながら、香炉係は一振り3回で、中央、左側、右側の順に、会衆の献香を行う。次いで、香炉係はたいまつ持ちが待つ中央に戻る。いつもの片膝をついた後で、聖歌隊がいる場合には項目8で指示されているように聖歌隊にお辞儀をしながら、香炉係は香部屋までたいまつ持ちの先を行く。

奉挙で　*Sanctus*で香炉係は前のように項目8の規定を遵守しながら、たいまつ持ちの先頭で、再び内陣に入る。香炉係は書簡側に行くが、福音書側を向きながら階段の隅の近くに残る。奉挙の直前に、香炉係は香炉に香を入れてもらうために式典係の所に行く。次いで香炉係は式典係の右側で最下段に跪き、それぞれの奉挙に二振り3回で至聖なる物への献香を行う。ホスチアへの献香の前後、そして再びカリスへの献香の前後に深いお辞儀をする。実践的には、二振りは鈴が鳴らされる毎に行われる。奉挙の後で、香炉係は立ち上がり、中央で片膝をつき、誰にもお辞儀をせずに香部屋に行く。たいまつ持ちがこの時に香部屋に入ることになっている場合、香炉係はたいまつ持ちとともに片膝をつき、たいまつ持ちの先を行く。香炉係の香炉係としての務めはこの時に終わる。香炉係は、1人かたいまつ持ちとともにのいずれかで、内陣に戻る。香炉係は片膝をつき、祭器卓の所の自分の場所に行き、そこで立ったままでいる。慣習である場所では、香炉係は平和の接吻を式典係から受け、次いで香炉係は第1アコライトに与える。第1アコライトは第2アコライトに平和の接吻を与える。

追加の務め　アコライトがたいまつ持ちとして奉仕している場合、香炉係は以下の場面でアコライトの代わりを務める。：（a）*Pater Noster*の終わり頃に香炉係は副助祭の肩からフメラーレをはずすために脇の階段から壇に上る。；（b）香炉係と式典係は聖職者の聖体拝領のための布を保持する。；（c）香炉係はすすぎのための瓶を差し出す。；（d）香炉係はカリスベールを祭器卓から祭壇の福音書側に持って行く。

式典係がいない時、香炉係は式典係の代わりを努めるべきである。（a）司式者が座る時にはいつも座席で。；（b）入祭文と奉献の両方で、祭壇の献香が行われる間ミサ典書を持つ。；（c）香炉係は副助祭が平和の接吻を与える間、副助祭について行く。；（d）香炉係はミサの終わりにビレッタの世話をする。しかしながら、香炉係はミサ典書のところで補佐するべきではない。

最後の福音書で　最後の福音書の間、香炉係は祭壇の正面までアコライトの先を行く。香炉係は司式者が最後の福音書の間に片膝をつかないのであれば、片膝をつかない。司式者が床に下りて来る時、全員片膝をつき、ミサの始まりで内陣に入ったのと同じ順序で香部屋に行く。

アコライト

アコライトは可能な限り、同じ背丈であるべきである[4]。カソックとスルプリを着た後で、アコライトの1人が祭壇上の6本のろうそく及び香部屋のアコライトのろうそくに点火する。アコライトは助祭と副助祭の着衣を手伝う。

アコライトはアコライトの燭台を持ち、式典係からの合図で司式者とともに十字架にお辞儀をして、祭壇まで香炉係に続く。内陣に入るとすぐに、アコライトは聖職者がいる場合には聖職者にお辞儀をして、司式者と助祭・副助祭とともに祭壇を向きながら、横に一列になる[5]。図10を参照。片膝をついた後で、アコライトは祭器卓に行き、祭器卓の奥の隅にアコライトのろうそくを置く。アコライトはそこで福音書側を向きながら跪く。灌水式が行われる場合、アコライトは助祭と副助祭が立ち上がるまで跪く。次いでアコライトは立ち上がり、司式者と助祭・副助祭が座席に行くまで立ったままでいる。アコライトもまた座席に行く。第1アコライトはマニプルを助祭に手渡し、第2アコライトは副助祭を補佐する。灌水式の儀式は上の74ページで詳細に述べられている。

ミサの開始　灌水式がない場合、アコライトは祭壇前で片膝をついた後、祭器卓に行き、祭器卓の奥の隅にアコライトのろうそくを置く。第2アコライトが中央を通る際には、追加で片膝はつかない。アコライトのミサ中の通常の場所は、立っていても跪いていても座っていても、祭器卓の所である。

---

[4] *Caer. Ep.*, I, 2, 9.
[5] 内陣が狭い場合、アコライトは助祭と副助祭の後方で片膝をついても良い。灌水式がない場合、香炉係はアコライトの間の位置を占める。

階段祈祷の間、アコライトは床に跪き、助祭と副助祭とともに祈祷文を答える。司式者が祭壇に上る時、アコライトは立ち上がる。

キリエ、グロリア等で 司式者と助祭・副助祭が座りに行く時にはいつも、アコライトは先を行き、可能である場合には、座席の後方に立つ。第1アコライトは助祭の座席の後方に立ち、助祭のビレッタを持つ。助祭が座る時、アコライトは助祭が司式者のカズラを整えたのと同じやり方で助祭のダルマチカを整える。次いで第1アコライトはビレッタを差し出す。第2アコライトは副助祭に同様の手伝いを行う。アコライトは祭器卓近くの自分自身の席に行く。アコライトが司式者の前を通り過ぎる必要がある場合、アコライトは司式者にお辞儀をする（お辞儀H）。助祭と副助祭が折ったカズラを身につける時のアコライトの務めについては、項目33cを参照。

福音書で 司式者が福音書を読んだ後で、香炉に香を入れている間、アコライトはアコライトの燭台を持つ。

香炉係が壇から書簡側に下りて来る時、アコライトは祭壇の正面まで香炉係に続く。アコライトは助祭と副助祭の両方がアコライトの前に来て立つまで片膝をつかない（図12）。その後、式典係からの合図で全員一緒に片膝をつく。そして聖職者がいる場合には、全員、最初に書簡側の者、次いで福音書側の者にお辞儀をする。アコライトは福音書が歌われる場所まで香炉係に続く。そこでアコライトは向きを変えて、福音書が歌われる間、第1アコライトは副助祭の右側に、第2アコライトは副助祭の左側に立つ。3人は同じ方向を向きながら、一線になって立つ（図13）。福音書の間、他の全員が行っても、アコライトは十字の印もせず、片膝もつかず、お辞儀もしない。福音書の終わりでアコライトは中央に行き、片膝をつき、誰にもお辞儀をせずに祭器卓に戻る。

クレドで アコライトは司式者がクレドを朗唱する間立ち、*Et incarnatus est* の言葉で司式者とともに片膝をつく。司式者と助祭・副助祭が座席に行

く時、アコライトはキリエとグロリアの時のように手伝う。聖歌隊が *Et incarnatus est ・・・ et homo factus est* を歌う間、アコライトは姿勢ⅰ）で述べられている事を遵守する。助祭がブルサを取りに祭器卓に来るために立ち上がる時、アコライトもまた立ち上がり、助祭が座席に戻るまで立ったままでいる。助祭が祭壇に行く時、アコライトは座席に行き、クレドの始まりの時のように助祭と副助祭を手伝う。自分の場所に戻り、アコライトは再び座る。

奉献で 司式者が祭壇に戻り *Oremus* を歌う時、副助祭はカリスを取りに祭器卓に来る。式典係あるいは第２アコライトのどちらかが副助祭の肩にフメラーレを掛ける。第２アコライトは副助祭からカリスベールを受け取って畳む。第２アコライトは祭壇に行かない。第１アコライトは瓶を持ち、祭壇まで副助祭に続く。第１アコライトはいつものように瓶を差し出すが、瓶にキスをしない。司式者が祭壇の献香を行っている間、アコライトは祭器卓に留まる。助祭が司式者の献香を行っている間、第１アコライトは手拭きタオルを持ち、第２アコライトは瓶とボウルを持つ。助祭が献香を終えた時、両方のアコライトは司祭の両手を洗うために速やかに最上段に上る。前後の両方で通常のお辞儀をする。アコライトは祭器卓に戻り、立ったままでいる。アコライトは香炉係がアコライトの献香を行う前後に、香炉係にお辞儀をする（お辞儀Ｈ）。

Sanctusで アコライトがたいまつ持ちとして務めることになっていない場合、アコライトは祭器卓の所で跪く。アコライトの１人が読誦ミサでのように *Sanctus* 及び他の時に鈴を鳴らす。アコライトは奉挙後まで跪く。例外については、姿勢ｔ）74ページを参照。アコライトがたいまつ持ちとして務めることになっている場合、その務めは85ページの「たいまつ持ち」の項で見出されるであろう。

Pater Noster で *Pater Noster* の終わり頃に助祭と副助祭は片膝をつき、司式者の右側に上る。第1アコライトは助祭・副助祭とともに片膝をつき、上り、副助祭の肩からフメラーレをはずす。フメラーレをはずした後で、第1アコライトは床に下り、再び片膝をつき、畳んだフメラーレを祭器卓の上に置く。

聖体が配られる場合 助祭は *Confiteor* を歌うか朗唱し、聖体が配られる間パテナを持つ。アコライト2人は読誦ミサでの侍者2人が行うようにふるまう。聖体拝領台で聖体が配られる間、アコライトはアコライトのろうそくを持って司式者についても良い。これは規定されていないが、許されている。

聖体拝領の後で 適切な時間に、第1アコライトは再び祭壇に瓶を持って行く。第1アコライトは最上段に上る前に床で片膝をつく。第1アコライトは奉献でのように瓶を持つ。瓶を副助祭から再び受け取るとすぐに、第1アコライトはお辞儀をして、祭器卓に戻る。この時、第2アコライトは、祭壇の中央を通る際に片膝をつきながら、カリスベールを福音書側に運ぶ。第2アコライトは脇の階段から上り、カリスベールを祭壇上に置く。第2アコライトは中央で再び片膝をつきながら、引き返す。アコライトは祝福まで立ったままでいる。

最後の福音書で 最後の福音書の間、アコライトは祭壇の正面まで香炉係に続き、そこで香炉係の後方に立つ[6]。司式者が最後の福音書の間に片膝をつくのでなければ、アコライトは片膝をつかない。司式者が床に下りて来る時、全員司式者とともに片膝をつき、ミサの始まりで内陣に入る際と同じ順番で香部屋に行く。

---

[6] 行列が教会を下ることになっている場合、香炉係はアコライトの後方に立つ。

荘厳ミサ

たいまつ持ち

　2人、4人、6人あるいは8人のたいまつ持ちがいても良いが、これより多くてはならない。たいまつ持ちは他の侍者がするようにカソックとスルプリを着る。たいまつ持ちの唯一の務めは、通常の荘厳ミサではSanctusから奉挙まで点火したいまつを持つことである。しかし聖体が配られる場合、及び他の一定の機会には、たいまつ持ちは聖体拝領後までたいまつを持って内陣に留まる[7]。たいまつ持ちが項目8と22の内容に精通していることは極めて重要である。そしてたいまつ持ちは上の「姿勢」の項で指示されているようにいつ立ち、いつ跪き、いつ座るかを知っているべきである。73ページを参照。

　ミサの開始　ミサの始まりでたいまつ持ちはアコライトの後方で内陣に入る。たいまつ持ちは背の低い者が前になるように、2人づつで歩く。たいまつを運んでいないため、たいまつ持ちは両手を合わせている。項目27を参照。一緒に片膝をついた後、自分の場所に行く。

　奉献で　香炉係が会衆の献香のために行く時、たいまつ持ちは中央に香炉係のための場所を空けて、祭壇前で1列に並ぶ。あるいは、たいまつ持ちは香炉係の後方で2列になっても良い。たいまつ持ちは香炉係とともに片膝をつき、聖職者にお辞儀をして、香部屋まで香炉係に続く。

　Sanctusで　たいまつ持ちは香炉係に続いて、再び内陣に入る。たいまつ持ちは香炉係とともに片膝をつき、お辞儀をして、自分の場所に行く。

　奉挙の後で　奉挙の後でたいまつ持ちは片膝をつき、香部屋まで香炉係に続く。たいまつ持ちはたいまつを片付けて、内陣の自分の場所に戻り、片膝

---

[7] 言及されている他の機会は68ページの姿勢t）の後半に列挙されている時である。

をつく。どちらの場面でも誰にもお辞儀をしない。ミサの終わりにたいまつ持ちはアコライトの後方で香部屋に戻る。

たいまつ持ちとしてのアコライト　正規のたいまつ持ちがいない場合、アコライトがたいまつ持ちの代わりを務める。アコライトはアコライトのろうそくを使用するか、あるいは通常のたいまつを取りに香部屋に行っても良い。アコライトは祭壇の正面でいくらか離れて跪くか、あるいは向かい合いながら脇で跪く。アコライトがたいまつ持ちとして奉仕する場合、香炉係あるいは式典係がアコライトに割り当てられている務めを行う。アコライトが自分の場所に留まれるように、正規のたいまつ持ちがいる方が良い。

式典係

式典係 master of ceremonies（MC）の務めを最初に要約の形で述べ、次いで詳細を述べる。式典係は自身の務めのみならず、内陣での他の全員の務めに精通していると想定される。

要約

場所　何であっても内陣で行われる事を監督し指示することがMCの務めである。この理由のため、MCが占める場所に関してルブリカは言及していない。しかしながら、MCは一般的に何かの務めに従事していない時には、福音書側を向きながら書簡側で立つのが便利であることが分かるであろう。

姿勢　MCは、階段祈祷の間、奉挙及び祝福でのみ跪きながら、ミサの間ずっと立つ。MCは最下段で跪く[8]。クレドが唱えられる場合、姿勢ⅰ）、73ページを参照。MCは説教の間座り、司式者が座席で座る時にはいつも、立っても座っても良い。立っているのが望ましい。

---

[8] Schober, de Corpo.

座席で グロリアとクレドの間、あるいは司式者が座る時にはいつでも、MCは助祭の右側でやや前側に立つ。MCは会衆の方を向いても良いし、司式者と同じ方向を向いても良い[9]。グロリアとクレドの歌の間で司式者がビレッタを脱ぐことになっている言葉で、MCは最初にビレッタを脱ぐよう司式者にお辞儀をして、自身で祭壇に向かってお辞儀をする（お辞儀 H）。MCは、司式者が再びビレッタをかぶる合図として、司式者に向かって再びお辞儀をする。

ミサ典書での補佐 MC は司式者のそばに立ち、ミサ典書での補佐をする。：（a）入祭文；（b）グロリアの後の *Dominus vobiscum* から最後の集祷文の始まりまで。；（c）奉献での祭壇の献香から *Sanctus* まで。；（d）*Nobis quoque peccatoribus* の後で助祭が司式者の右側に移る時から *Agnus Dei* を含めて *Agnus Dei* まで。；（e）聖体拝領の後の *Dominus vobiscum* から最後の聖体拝領後の祈りの終わりまで。

MCがミサ典書の所にいる時にはいつも、司式者から遠い側の手でページをめくり、同じ手で掌を上にして[10]、読まれるか歌われる一節を指し示す。

副助祭につく MC が書簡の際及び平和の接吻を与える際に副助祭につく時、MCは常に副助祭の左側でやや後方にいる。

MCは福音書を歌う前に本を助祭に差し出した後も、クレドの間にブルサを助祭に渡した後も、祭壇まで助祭について行かない。

詳細な指示

MCはカソックとスルプリを着る。MCは決してビレッタはかぶらない。MCは司式者が祭服を着るのを手伝う。MCは行列を整え、全員が香部屋の

---

[9] Fortescue、Schober 及び Van der Stappen は会衆の方を向くのを勧めている。他の者は単にMCが「助祭の右側で」立つよう指示している。

[10] あるいはより具体的には、「完全に伸ばして背部を本につけた手で」。Van der Stappen.

十字架にお辞儀をするための合図を行う。行列でMCは副助祭の前を歩く。香部屋のドアで、灌水式がない場合には、MCは聖水を助祭と副助祭、あるいは少なくとも副助祭に差し出す。灌水式中のMCの務めは既に説明されている。図10を参照。

ミサの開始 MCは階段祈祷の間跪き、助祭と副助祭とともに答える。階段祈祷の終わりにMCは香炉係から香舟を受け取り、両者は香炉係がMCの右側で、脇の階段から壇に上る。MCは開いた香舟を助祭に差し出す。項目12を参照。香が入れられ祝別された時、MCは再び香舟を受け取り、香炉係に返す。MCはミサ典書と書見台を持ち、書簡側の床に下りる。司式者が祭壇の書簡側の端の献香を行った時、MCはミサ典書を戻し、再び床に下りる。どちらでもMCは片膝をつかない。助祭が司式者の献香を行う間、MCは助祭の右側でやや後方に立つ。あるいはMCは会衆の方を向き、右肩をミサ典書の側にしながら、最上段で立っても良い[11]。次いでMCは司式者の右側に立ち、入祭文を指し示す。

キリエで キリエの間に司式者と助祭・副助祭が座る場合、MCは座席までついて行き、助祭の右側で立つ。最後の*Kyrie*の間、MCは祭壇へ戻る合図として司式者と助祭・副助祭にお辞儀をする。祭壇の前に着くとすぐに、MCは助祭の右側で片膝をつき、書簡側に行く。MCは座席から祭壇まで司式者につく時にはいつも、この片膝をつく動作を行うであろう。

グロリアで 司式者がグロリアの先唱を行う時、MCは*Deo*の言葉でお辞儀をすることにより、助祭と副助祭に壇に上るよう指示する。グロリアの朗唱の間、MC自身は助祭の右側で立つ。グロリアの朗唱が終わった時、MCは司式者とともに片膝をつき、座席まで先に行き、そこでMCは助祭の右側に立つ。MCは聖歌隊が*Adoramus te; Gratias agimus tibi; Jesu Christe; Suscipe deprecationem nostram;* 再び*Jesu Christe*を歌う間、ビレッタを

---

[11] Fortescue, p. 106.

脱ぐために司式者と助祭・副助祭にお辞儀をする。これらの節それぞれの歌の間、MCは祭壇に向かってお辞儀をする。グロリアの終わりに、聖歌隊が *Cum Sancto Spiritu* を歌う間、MCは祭壇に戻る合図として司式者にお辞儀をする。MCは助祭の右側で祭壇で片膝をつき、書簡側に行く。

集祷文で *Dominus vobiscum* でMCはミサ典書の所に行く。MCは司式者の右側に立ち、歌うべき集祷文を指し示し、ページをめくる。最後の集祷文の始まりでMCは助祭にお辞儀をして、助祭はMCと交代し、MCは書簡の本を取りに祭器卓に行く。MCは開く側が自分の右側になるように、書簡の本の端を両手で持つ。MCはただ一度、本を差し出す前にお辞儀をする[12]。次いでMCは副助祭の左側に移る。集祷文の終わりに、*Jesum Christum* が出てくる場合にはこの言葉で、MCは十字架にお辞儀をして、副助祭とともに中央に行き、そこで副助祭とともに片膝をつく。MCと副助祭は福音書側の聖職者、次いで書簡側の聖職者にお辞儀をして、書簡が歌われる場所に行く。項目8を参照。MCは書簡が歌われている間、副助祭の左側に立ち、必要な場合にはページをめくる。書簡の終わりでMCと副助祭は中央に行き、片膝をつき、前のようにお辞儀をして、書簡側に行く。副助祭は祝福を受けたらすぐに、本をMCに渡す。

福音書で 司式者が福音書を読み始めたらすぐに、MCは本を副助祭に差し出したように、福音書の本を助祭に差し出す。MCは助祭につかず、司式者が福音書を読み終えるまで書簡側に留まる。次いで入祭文でのように香が入れられる。図11を参照。MCは書簡側の床に下り、内陣の中央まで香炉係とアコライトの先を行く（図12）。祭壇前に着いた時、MCは片膝をつかない。MCは副助祭の左側か、あるいは香炉係の右側に立つ。あるいはMCが好む場合には、MCは福音書の集団に全く加わらずに脇で立っていても良い。助祭が本を持って壇から下りて来る時、全員片膝をつく。最初に書簡側

---

[12] Fortescue, De Herdt, Schober.　ある者はMCが本を差し出す前後にお辞儀をするとしている。

の聖職者に、次いで福音書側の聖職者にお辞儀をする[13]。行列で侍者と助祭・副助祭は以下の順に２人づつで進む。

香炉係	式典係
アコライト	アコライト
副助祭	助祭

福音書が歌われる間、図 13 でのように集まる。MC は助祭が *Sequentia sancti Evangelii* を歌う時に十字の印をして、香炉を香炉係から受け取り、助祭に手渡す。香炉を差し出す際、MC は右手で上部の鎖を持ち、左手で下部近くの鎖を持つ。MC は鎖の上部を助祭の左手に、鎖の下部を助祭の右手に預ける。本の献香が行われた時、MC は香炉を香炉係に返す。福音書の間、MC は助祭の右側、やや後方に立つ。MC は必要な場合にはページをめくる。福音書中でイエズスの名が出てくる場合、MC は本に向かってお辞儀をする。そして助祭が片膝をつく場合、MC もまた本に向かって片膝をつく[14]。福音書の終わりに MC は内陣の中央までアコライトについて行く。MC はアコライトとともに片膝をつき、副助祭から本を受け取る。MC は本を受け取る前にお辞儀をして、本を祭器卓の上に置く。説教がある場合、MC はどこでも都合の良い場所に座る。

クレドで　司式者がクレドを先唱する時、MC は *Deum* の言葉で、壇に上るために助祭・副助祭にお辞儀をする。祭壇でのクレドの朗唱の間、MC はグロリアで行ったように、壇に上る。MC は司式者とともに、お辞儀をして、片膝をつき、十字の印をする。座席で MC はグロリアの時のようにふるまう。

---

[13] Wapelhorst, Martinucci, Van der Stappen.
[14] Martinucci, De Carpo, Van der Stappen. はこうである。ある者は「司式者への合図として」MC に祭壇に向かって片膝をつくよう指示している。またある者は、Wapelhorst 及び De Herdt のように、この主題に関して言及していない。Fortescue は MC が「司式者の方をやや」向くとしている。司式者は助祭をまっすぐに見ているため、なぜ司式者が「合図」を必要とするのか理解することは容易でない。

Jesum Christum; Et incarnatus est・・・et homo factus est; 及び *Simul adoratur* の言葉でお辞儀をする。*Et incarnatus est* で司式者にお辞儀をした後でMCは跪く。姿勢 i)、73ページを参照。立ち上がるとすぐにMCは助祭にお辞儀をし、助祭は祭器卓までMCについて行く。祭器卓でMCは両手でブルサを持つ。MCはブルサを垂直ではなく水平に保ち、開口部を助祭に向ける。MCはお辞儀をして、ブルサを差し出し、自分の場所に戻る。MCは助祭について行かない。*Et vitam venturi saeculi* の言葉でMCは祭壇に戻る合図として、司式者にお辞儀をする。

奉献で 司式者が *Oremus* を歌った時、MCは副助祭にお辞儀をし、次いで副助祭は祭器卓に来る。MCはフメラーレを、右側が左側よりも多少下方に垂れ下がるようにしながら、副助祭の肩に掛ける[15]。MCは入祭文の時のように祭壇の献香で補佐する。MCは福音書側に移り、司式者が福音書側の献香を行っている間、祭壇からミサ典書をどける。次いでMCはミサ典書を祭壇の上に置き、*Sanctus* までミサ典書の近くに留まる。MCは助祭の直後に献香を受ける。MCは香炉係の方を向き、前後に香炉係とともにお辞儀をする。序唱の最後の言葉 *supplici confessione dicentes* で、MCは助祭と副助祭に司式者の右側と左側に来るよう合図を行う。MCは副助祭のために場所を空け、副助祭は司式者の隣に立つべきである[16]。MCは *Sanctus* の間お辞儀をして（お辞儀 M）、副助祭とともに床に下りる。MCは副助祭の後方で片膝をつき、書簡側に行く。

奉挙で 奉挙の少し前、*Hanc igitur* でMCは、香炉係がMCの前で開いて保持する香炉の中に香を入れる。MCは最下段で跪く。いつものように鈴が鳴らされる。アコライトがたいまつ持ちとして務めている場合、MCは鈴

---

[15] 何人かの著者は第2アコライトが副助祭の肩にフメラーレを掛けるように指示している。Van der Stappen, Schober, Martinucci, Le Vavasseur.
[16] *Sanctus* で副助祭が祭壇に上るのが慣習でない場合には、副助祭は床の自分の場所に留まっても良い。S.R.C. 2682, 30.

の奉仕をしても良く、鈴は読誦ミサでのように鳴らす。奉挙の後でMCは立ち上がり、*Nobis quoque peccatoribus* まで書簡側で立ったままでいる。次いでMCは福音書側まで回って行き、中央を通る時に副助祭の後方で片膝をつく。助祭が司式者の右側に行く時、MCはミサ典書の所での助祭と代わる。自分の場所に着くとすぐに、MCは助祭とともに片膝をつく。MCは *Agnus Dei* まで司式者とともに片膝をつきページをめくりながら、ミサ典書の所に留まる。

Pater Noster で *Pater Noster* の序文で、司式者が *audemus dicere* の言葉を歌う時、MCは必要な場合には、司式者の後方に行って立つよう、助祭に合図をする。*dimitte nobis* の言葉でMCは助祭と副助祭に司式者の右側に上るよう合図をする。*Pax Domini* でMCは司式者の左側に副助祭のための場所を空ける。*Agnus Dei* でMCは副助祭の左側で祭壇に留まる。MCはお辞儀をして、*miserere nobis* と *dona nobis pacem* の言葉で胸を叩き、副助祭とともに片膝をついた後で、副助祭とともに床に下りる。MCは副助祭の右側で近過ぎないように立つ。助祭が平和の接吻を副助祭に与えた時、副助祭が平和の接吻を聖職者に与える時に、MCは副助祭について行く。

祭壇に戻るとすぐに、片膝をつき、副助祭は平和の接吻をMCに与え、慣習である場合には、MCは次いで平和の接吻を香炉係に与える[17]。次いでMCは書簡側に行き、そこで司式者が聖体拝領を行うまで床に立っている。*Domine non sum dignus* でMCは胸を叩かないが、お辞儀をする（お辞儀M）。聖体が祭壇で配られる場合、MCは読誦ミサでの侍者2人が行うように聖体拝領の布を保持するようにアコライトに指示する。項目26も参照。

---

[17] 平和の接吻は聖体が顕示されている場合であっても、全ての荘厳ミサで与えられる。しかし、死者ミサ及び聖週間の最後の三日間には省かれる。平和の接吻を与える者は両手を受ける者の肩の上に置く。平和の接吻を受ける者は両手を与える者の腕の下に置き、両者は頭を下げて一方の左頬が他方の左頬にほとんど触れるようにする。平和の接吻を与える者は *Pax tecum* を唱え、他者は *Et cum spiritu tuo* を答える。平和の接吻を与える者は与えた後でお辞儀をする。平和の接吻を受けた者は受ける前後にお辞儀をする。

荘厳ミサ

聖体拝領の後で 司式者が *Dominus vobiscum* を歌う時、MC は司式者の右側に行き、聖体拝領後の祈りの間、ミサ典書の所で補佐する。最後の聖体拝領の祈りの終わりで、最後の福音書がその日固有のものでなければ、司式者はミサ典書を閉じる。最後の福音書がその日固有のものである場合、司式者はミサ典書を開いたままにする。副助祭がミサ典書を福音書側に移動させる。

祝福で MC は書簡側で最下段に跪く。最後の福音書の間、MC は内陣に入った時と同じ行列の順に侍者を配置する。MC は座席からビレッタを持ってきて、助祭と副助祭に渡すが、助祭には助祭自身と司式者のビレッタを渡す。MC からの合図で全員片膝をつき、聖職者にお辞儀をして、香部屋に行く。香部屋で全員は十字架にお辞儀をし、MC は司式者の脱衣を手伝う。

第7章　顕示された聖体の前での
荘厳ミサ

一般的な規則

以下の4つの一般的な規則が全ての侍者に適用される。

　1　聖体が顕示されている間はいつでも、内陣に入り、内陣から去る時には両膝をつく。これは両膝で跪き、頭と肩の両方を中位に傾けることで行われる。ミサ中に行われる他の全ての膝をつく動作は片膝のみで行われ、頭は下げない[1]。

　2　奉献で各人の献香の間を除き、全てのお辞儀は省略される。献香の前後で行われるお辞儀は動作自体の一部とみなされる。

　3　司式者が聖体の献香を行っている間、全員跪く[2]。

　4　どんな目的でも祭壇に上る前には、誰でも床で片膝をつく。床に戻るとすぐに再び片膝をつく[3]。

香炉係

　1　会衆の献香の間、香炉係は中央に立たず、いくらか福音書側の方で立ち、背を直接聖体に向けないようにする。

　2　司式者が入祭文、福音書及び奉献で香を入れる時、司式者は聖体のすぐ前で立たず、いくらか福音書側の方で立つ。香炉係は適宜順応する。香炉係は壇で片膝をつかない。上の規則4を参照。

---

[1] S.R.C. 2682, 49; 3426, 6; 4179, 1.
[2] Schober, p. 154, Bauldry 他。
[3] S.R.C. 3975, I, 2.

アコライト

1　ミサの始まりと終わりで両膝をつく時、アコライトはアコライトの燭台を床に置いても良い。ろうそくを傾けて床にろうをこぼすことのないように、そうすることが賢明である。

2　*Lavabo* で司式者は会衆の方を向きながら2段目あるいは床で立つ。アコライトは司式者の方を向き、背を会衆に向ける。

3　主日であってもミサのどの部分でも鈴を鳴らすことは禁止されている[4]。内陣に入る時、香部屋のドアの所で鈴を優しく鳴らしても良い。

たいまつ持ち

1　たいまつを持たずに内陣に入り、内陣から去る時、たいまつ持ちは両膝をつく。項目6を参照。しかし、たいまつを持っている時、たいまつ持ちは跪き、頭のみを下げるべきである[5]。

2　このミサでたいまつ持ちは、点火したたいまつを通常の荘厳ミサよりも長い時間持たない。

3　たいまつ持ちは上に書かれている最初の3つの一般的な規則を遵守するよう注意するべきである。

式典係

1　全てのお辞儀が省略されているとはいえ、これは他の者がある動作を行うための単なる合図あるいは招請誘いであるものは含まない。

2　式典係は祭壇上で適切な数のろうそくが点火されていることを確かめる。これは司教区の司教が規定しても良い。そうでない場合、以下を遵守するべきである。

a）「40時間の礼拝の時以外では、12本あるいは少なくとも10本の白の蜜蝋のろうそくが、顕示の時間中に聖体がオステンソリウム中で顕示されている祭壇上で点火されるべきである[6]。」

---

[4] S.R.C. 3157, 10 and 3448, 2. *Matters Liturgical*, 126 及び本書の項目24bを参照。
[5] De Carpo-Moretti, p. 321.

b）しかし40時間の礼拝の間は、「少なくとも20本の蜜蝋のろうそくを祭壇上で絶えず点火しなければならない[7]。」

---

[6] S.R.C. 3480.
[7] *Matters Liturgical*, 370 and 412. 式典係は *Manual of the Forty Hours' Adoration* published by the *Amer. Eccl. Review*の改訂版、あるいはO'Connell神父の *The Clementine Instruction* (Burns, Oates, and Washbourne)を1冊持っているべきである。

第8章　　コープを着た司教の前での荘厳ミサ

　以下は、通常の荘厳ミサと裁治権者が補佐する荘厳ミサの間の相違点の短い要約である[1]。

　司教は教会に入るとすぐに、祭壇前で祈り、司教座に行く。司教の祭服は祭壇上に広げられる。司教は肩衣、アルバ、チングルム、胸十字架、ストラ、コープ及び司教冠を身につける。

　司教は補佐司祭、補佐助祭2人、司教杖持ち、司教冠持ち、本持ち、ろうそく持ち、香炉係、アコライト、式典係、他により補佐される。

司教杖持ち

司教杖持ちは司教杖を直接司教に差し出し、司教から受け取る。

　司教は司教杖を左手で受け取る。項目17bを参照。司教は以下で司教杖を使用する。

1　司教が司教座から祭壇に行く時、あるいは祭壇から司教座に行く時。
2　助祭が福音書を歌う間。
3　司教が *Sanctus* で跪き台に行く時。
4　司教が奉挙の後で司教座に戻る時。
5　ミサの終わりの祝福で。

司教冠持ち

　2つの司教冠が使用される。宝石の司教冠は、キリエから序唱まで金の司教冠が使用されるのを除き、ミサの間ずっと使用される。司教冠は以下のように身につけ、はずされる。

---

[1] 詳細な説明については、Stehle の *Manual of Pontifical Ceremonies*、Fortescue の *The Roman Rite*、*Baltimore Ceremonial* を参照。最初の2つには図表が含まれている。

侍者奉仕

身につける	はずす
1　コープの後で	1　灌水式の前
2　灌水式の後	2　階段祈祷で
3　司教座に戻る前	3　司教が入祭文を読む前
4　司教が座る場合キリエの朗唱後	4　キリエの歌の後
5　グロリアの朗唱後	5　グロリアの歌の後
6　集祷文の後	6　福音書前の助祭の祝福後
7　クレドの朗唱後	7　クレドの歌の後
8　奉献唱を読む前	8　序唱の始まりで
9　*Sanctus*の朗唱後	9　跪き台への到着時
10　奉挙後	10　司教座への到着時
11　すすぎで	11　*Dominus vobiscum*で
12　祝福を与える前[2]	12　最後の福音書の前
13　最後の福音書の後	13　脱衣の時

本持ちとろうそく持ち

　本持ちは、右側のろうそく持ちとともに、ミサ典書を持って4回司教座に近づく。

1　入祭文のために
2　副助祭が書簡を歌ったらすぐに
3　奉献のために、*Oremus*で
4　聖体拝領唱のために
5　祝福のために。ミサ典書ではなくCanonが使用される。

---

[2] 大司教は司教冠を使用しない。

コープを着た司教の前での荘厳ミサ

香炉係とアコライト

　入祭文、福音書及び奉献の際に、司教座で香が入れられる。香炉係は香炉を差し出す間跪く。補佐司祭が香舟を持つ。

　1　入祭文で　司教により香が入れられ祝別された後で、香炉係は香炉を祭壇の助祭まで運ぶ。祭壇と司式者が献香を受けた後で、香炉係は香炉を補佐司祭まで持って行き、補佐司祭は司教の献香を行う。

　2　福音書の前　香炉係は香炉を保持し、香炉係とアコライトの両方は荘厳司教ミサで指示されているようにふるまう。福音書の終わりに香炉を補佐司祭に差し出す。

　3　奉献で　祭壇の献香後に香炉係でなく助祭が香炉を司教座に持って行くのを除き、全ては入祭文の時のように行われる。司教が献香を受けた後に、助祭が司教の補佐者と聖職者に献香を行う間、香炉係は助祭について行く。次いで香炉係は二振り2回で助祭の献香を行い、いつものように侍者と会衆の献香を行う。

第9章　　荘厳死者ミサ

　侍者に関する限り、荘厳死者ミサの儀式は荘厳ミサの儀式と以下で扱われている点で異なっている。

姿勢

　荘厳ミサでの姿勢の項で記載されているように、立つ、跪く、そして座るための規則が遵守される。荘厳死者ミサで出てくる例外はそこで詳細に述べられている。節 t)、74 ページを参照。

省略されるいくつかの事

　詩篇 *Judica*、グロリア及びクレドは荘厳死者ミサでは省かれる。*Agnus Dei* で胸は叩かず、平和の接吻も与えられない。フメラーレは使用されない。ミサの終わりで祝福はない。しかしながら、ミサ中にいつものお辞儀は行われる。

香炉係

ミサ中、香炉は2回のみ使用される。

　1　**奉献で**　祭壇及び司式者のみが献香を受ける。香炉係は誰の献香も行わない。香炉係はいつものように香部屋までたいまつ持ちの先を行き、*Sanctus* でたいまつ持ちとともに戻る。

　2　**奉挙で**　式典係が香炉に香を入れる。香炉係は香炉を副助祭に渡し、副助祭が至聖なる物への献香を行う。香炉係は副助祭のそばで跪く。

　3　ミサ後に赦免が与えられる場合、3回目の献香が必要となるであろう。赦免の儀式は以下に述べられている。

アコライト

1　第1アコライトは祭壇上の6本のろうそくに点火する。第1アコライトは、祭壇までいつものように運ばれてミサ中祭器卓の上で点火されたままになるアコライトのろうそくにも点火する。項目21を参照。

2　助祭が福音書を歌っている間、アコライトは両手を合わせて副助祭のそばに立つ。点火したアコライトのろうそくは祭器卓の上に残す。

3　奉献で、副助祭がカリスをカリスベールとブルサとともに祭壇に持って行く時、両方のアコライトは副助祭に続く。第1アコライトはいつものように瓶を運ぶ。第2アコライトは副助祭からカリスベールを受け取る。第2アコライトはカリスベールを畳んで祭器卓の上に置く。

4　アコライトは *Lavabo* で司祭の両手を洗う時に、通常の荘厳ミサでのように手伝う。ある権威はこれが助祭と副助祭により行われることを推奨している。

式典係

1　司式者が書簡の後で副助祭を祝福せず、福音書の後でも本にキスをしないため、書簡と福音書の両方の歌の直後に副助祭は本を式典係に手渡す。

2　司式者と助祭・副助祭は *Dies Irae* の歌の間座っても良い。彼らは聖歌隊が *Inter oves locum praesta* の節を歌う間に祭壇に戻る（終わりから15行）。

3　ミサ中、聖職者は点火したろうそくを持っても良い[1]。：

a）福音書が歌われている間

b）*Sanctus* から聖体拝領まで

c）ミサ後に赦免が与えられる場合には、ミサ後の赦免で。

式典係は小ろうそくでこれらのろうそくに点火するために誰かを指名するべきである。ろうそくは *Dies Irae* の終わり頃に点火され、再び序唱の間に

---

[1] 節h）、34ページを参照。

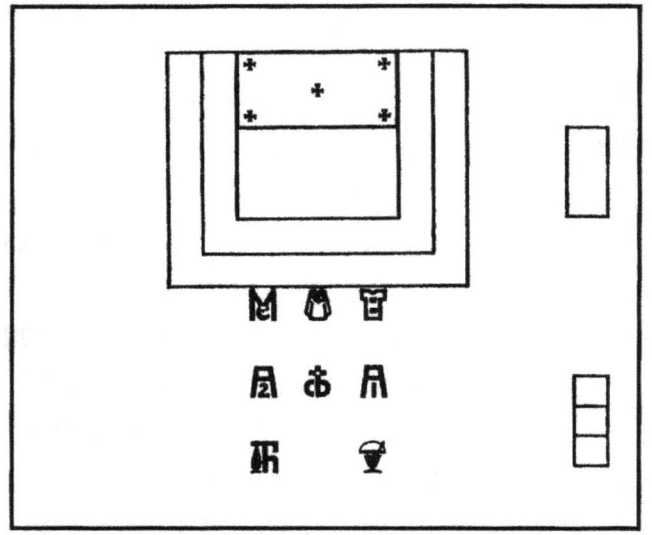

図14 葬儀：柩に行く直前と祭壇に戻った時の位置

点火され、最後に、赦免が続く場合には最後の福音書の間に点火されるべきである。

説教がある場合、ミサの終わりで、しかし赦免の前に行われるであろう。その場合、ろうそくは説教の後で点火されるであろう。

たいまつ持ち

たいまつ持ちは *Sanctus* から聖体拝領まで跪いたまま内陣に留まる[2]。

ミサ後の赦免

ミサの終わりに司式者と助祭・副助祭は座席に行く。司式者は式典係により補佐されて、カズラとマニプルを脱ぎ、黒のコープを着る。助祭・副助祭もまたマニプルをはずす。副助祭は行列用十字架を持ち、アコライトはアコライトの燭台を持つ。彼らは祭壇に行き、図14で示されるように祭壇前で

---

[2] *Rit. cel. Missam* VIII, 8.

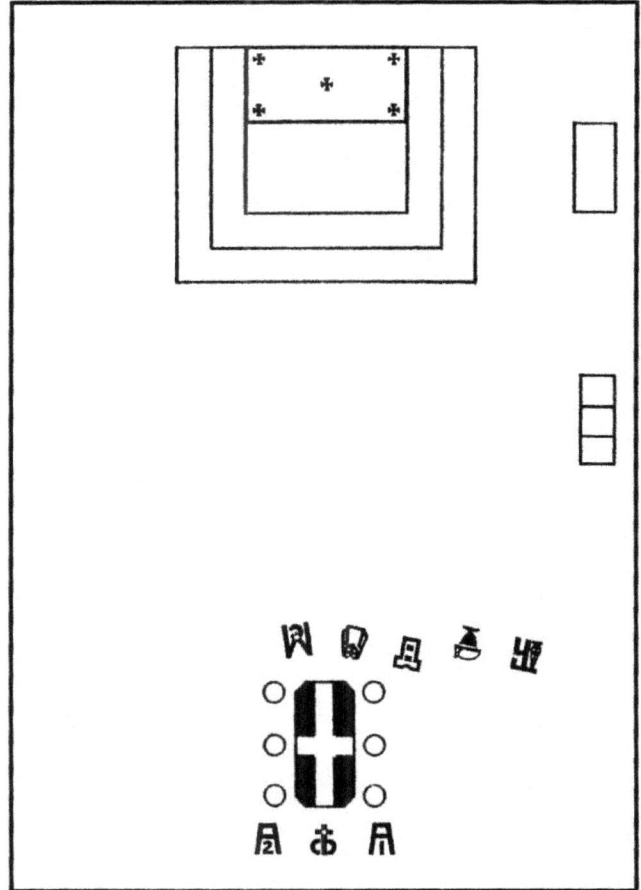

図 15　葬儀：柩での位置

立つ。式典係からの合図で、十字架持ちとアコライトを除く全員が片膝をつく（項目 20）。その後、全員は柩あるいは棺台に行く。副助祭とアコライトは、司式者の方を向きながら、祭壇から最も離れた柩の端で立つ。司式者は他方の端でやや書簡側の方に立つ。司式者は十字架の方を向く。式典係は司式者の右側に、助祭は司式者の左側に立つ。聖水を持つ侍者と香炉係は助祭

の左側で、少し後方にいる。図 15 を参照。司祭の葬儀のためには上の柩の頭と足の位置は逆になる[3]。

聖歌隊が *Libera me Domine* を2回目に歌い始める時、香が入れられ祝別される。助祭が香舟を持つ。香炉係は香舟を受け取り、香炉を保持する。

司式者が *Pater Noster* を先唱する時、司式者は助祭から灌水棒を受け取り、助祭を伴い司式者は柩の周りを行き、柩に灌水する。次いで香炉係は香炉を助祭に渡し、柩は灌水されたのと同じやり方で献香される。助祭のみが司式者について行く。他の誰も自分の場所から動かない。

赦免の終わりに、全員祭壇に戻り、前と同じ順で片膝をつき、香部屋に行く。

この儀式は、アコライトを伴う荘厳死者ミサに続く赦免でいくらかより詳細に扱われている。助祭あるいは副助祭がいない場所では、侍者が十字架を保持し、式典係が助祭の代わりをするのが見出されるであろう。68 ページを参照。

---

[3] 司式者と補佐者は祭壇から最も遠い柩の端で立つ。十字架持ちとアコライトは他方の端にいる。司式者は常に柩の足の所で立ち、十字架持ちは頭の所で立つ。亡くなった司祭の足は、生前行っていたように、死後もまだ祭壇から会衆の方を向いているかのように、会衆の方を向ける。これとは逆に、平信徒の足は常に、生前に向いていた祭壇の方に向け、この時死後も祭壇を向いている。赦免の間、司祭の遺体がない場合には、棺台での位置は平信徒のためのものと同じである。

第１０章　荘厳司教ミサ

下級の奉仕者：一般的な説明

　全ての下級の奉仕者はカソックとスルプリを着る。これら４人の侍者はチャプレンと呼ばれる。これらは司教杖持ち、司教冠持ち、本持ち及びろうそく持ちである。最初の２人はフメラーレあるいはスカーフを、４人全員は、これらが聖職者である場合には、慣習であるならばコープを身につけても良い[1]。フメラーレはコープの下に身につける。司教座での彼らの位置は図16で示されている。司教が司教座にいる時、チャプレンは背を祭壇にも司教にも向けないようにして立つ[2]。ミサの始まりで祭壇でのチャプレンの位置は、図17に示されている。グロリアとクレドの間、チャプレンは司教座の正面の階段で座り、他の侍者は祭壇の脇の階段で座る。座る前にチャプレンは司教杖、司教冠、本及びろうそくを片付ける[3]。あるいはチャプレンはグロリアとクレドの間、通常の自分の場所で立っていても良い。下級の奉仕者の位置に関するより具体的な指示は、内陣の大きさと形状を考慮した式典係から得られるに違いない[4]。

　*Ceremonial of Bishops*は司教儀式で助祭・副助祭が、近づき、去り、前を通る度に、司教区の司教に片膝をつくよう指示している[5]。しかし、「合衆国では、ミサ、晩課あるいは他の儀式を司式あるいは補佐する裁治権者に対して、片膝をつく代わりに深いお辞儀をする慣習が普及している[6]。」「教会法[1917 Code]のcanon 27に従い、40年間続いている慣習は、教会の明確な法規の適用を不要としても良い。従って、Wapelhorstがこの国で、長い慣

---

[1] *Caer. Ep.* lib. I, XI, 1.
[2] Schober, p. 297.
[3] Schober, Fortescue, De Herdt 他。
[4] Stehle, Fortescue, Schober、及びWapelhorstの最新版での数多くの図表を参照。これらの図表は重要性の低い事を除き一致している。
[5] *Caer. Ep.* I, XVIII, 3.
[6] Stehle, p. 293.

侍者奉仕

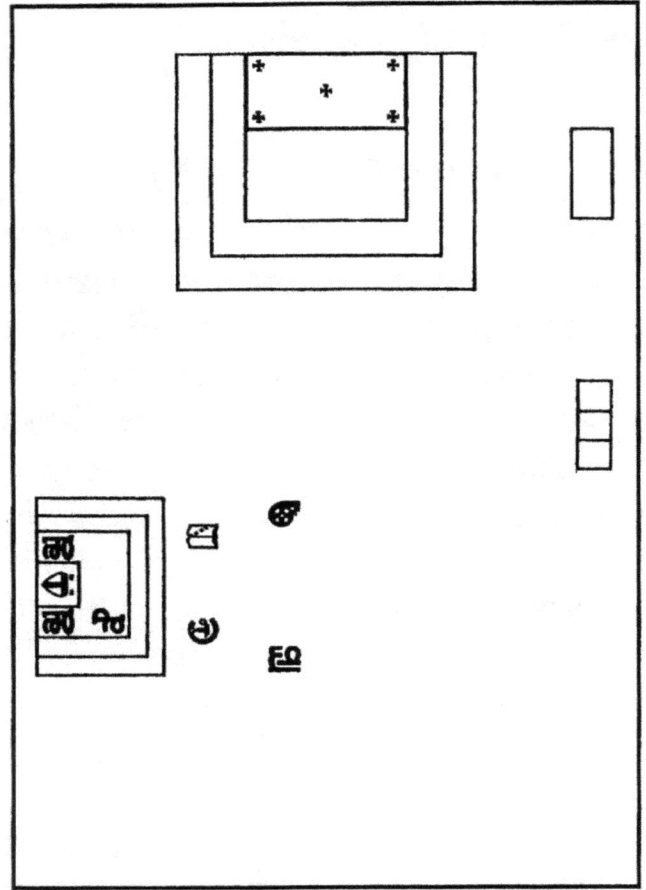

図 16　司教座での位置

習のために、荘厳司教ミサ中に司教区の司教に対して片膝をつく必要がないことを肯定したことは正しい。深いお辞儀で十分である[7]。」

灌水式は荘厳司教ミサの前には行われない。

---

[7] *Amer. Eccl. Review,* Dec., 193, p. 643.　Fortescue はそのような片膝をつくことを明白に不可としている。*The Roman Rite*, p.XXIII.

荘厳司教ミサ

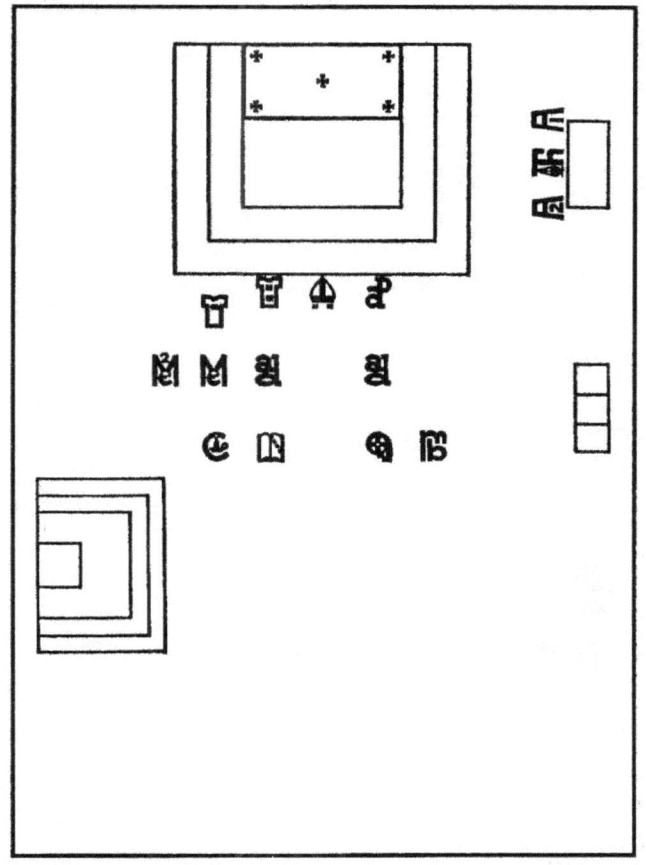

図 17　ミサの始まりで祭壇での位置

司教杖持ち

一般的な規則

　1　司教杖持ちは鉤を会衆の方に向けながら、右手で司教杖を保持する。スルプリの袖あるいはフメラーレを身につけている場合にはフメラーレを自分の手と司教杖の間に保つ。歩いている間、司教杖持ちは司教杖を床から持ち上げている。司教杖持ちは司教杖を両手で、鉤を前方に向けて運ぶ。

侍者奉仕

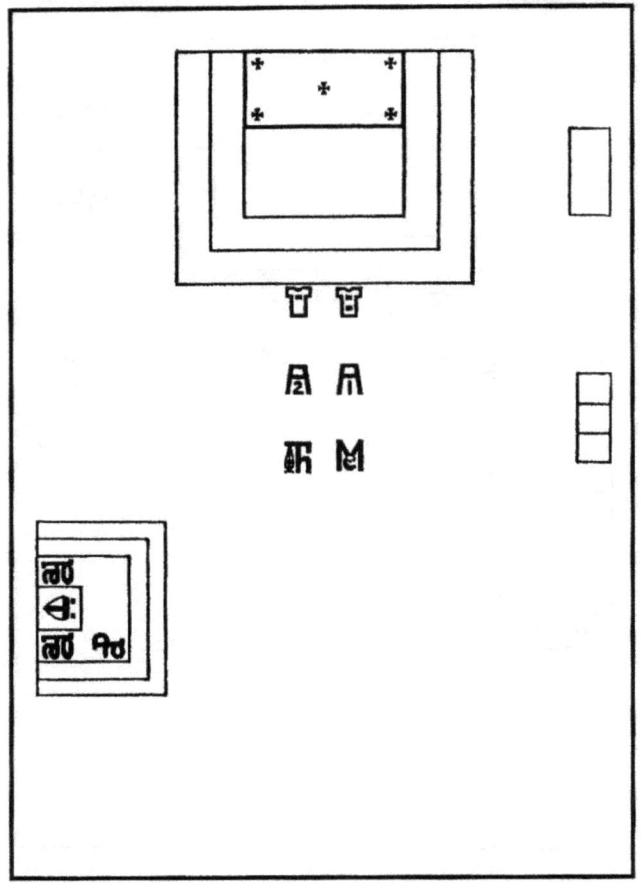

図 18　祭壇前の福音書の集団

　2　司教杖持ち自身が司教杖を司教に渡し、司教杖を司教から直接受け取る。司教杖持ちは司教杖を司教の左手に渡し、その際にいつものキスを行う。項目17bを参照。

　3　司教杖を差し出す際、司教杖持ちは鉤を司教杖持ち自身の方に向けて、司教に手渡す。

荘厳司教ミサ

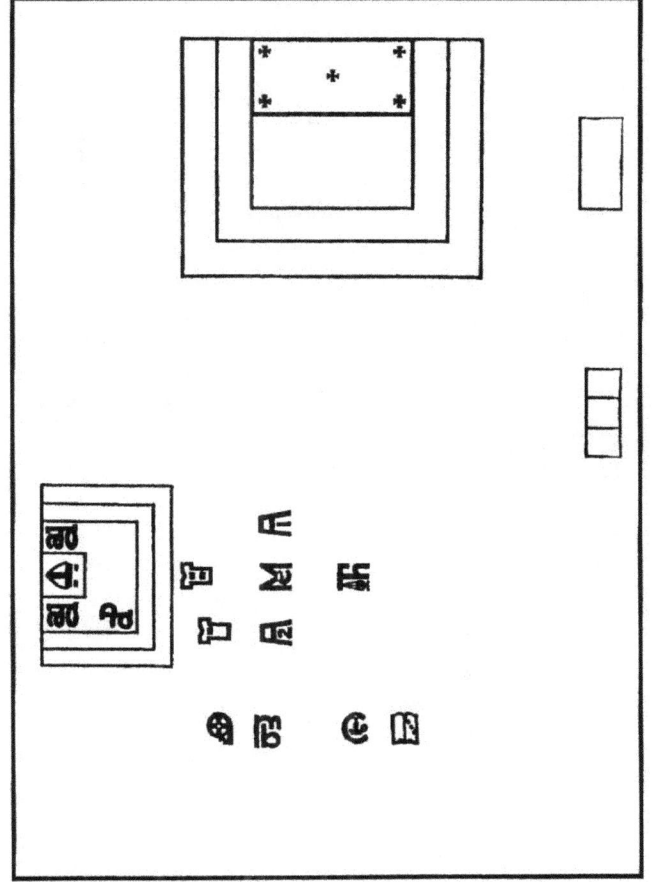

図 19　司教座での福音書の集団

4　行列で、司教杖持ちが司教杖を運ぶ時、司教杖持ちは司教の前を歩く。しかし、司教が司教杖を運ぶ時には司教杖持ちは司教の後方を歩く。

5　一般的に、司教は以下で司教杖を使用する。：（a）司教が司教座から祭壇に行く、あるいは祭壇から司教座に行く時にはいつでも。；（b）助祭が福音書を歌っている間。；（c）ミサの終わりの祝福で。

侍者奉仕

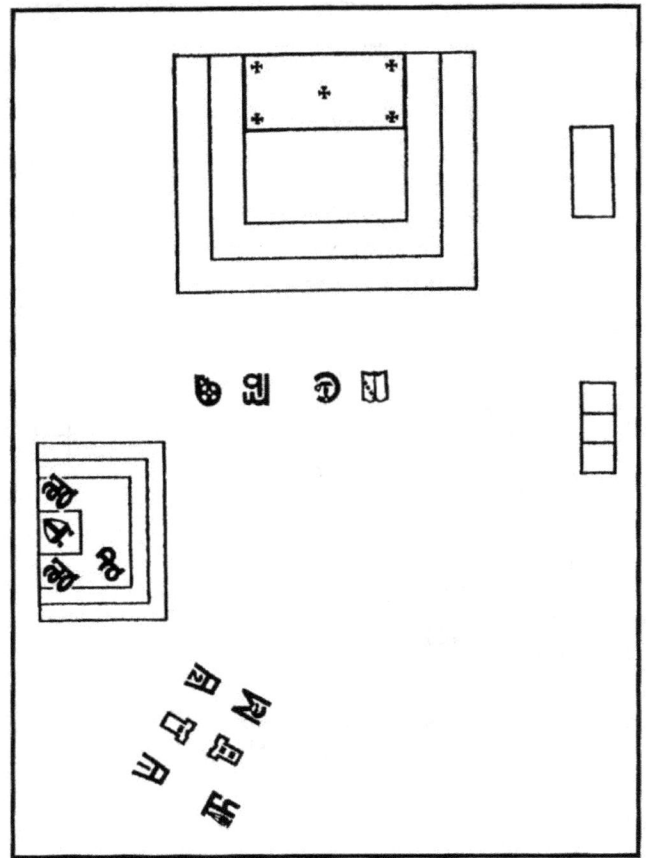

図20 福音書が歌われる間の福音書の集団

詳細な指示

　司教が着衣した時、司教は座り司教冠を受け取る。司教杖持ちは司教座に行く。司教は立ち上がり、司教杖を受け取り、祭壇に行く。司教杖持ちは司教に続き、司教冠がはずされる前に祭壇の床で司教杖を受け取る。司教杖持ちは自分の場所に戻る。

荘厳司教ミサ

　司教は祭壇の献香を行ない、その後で司教は書簡側で献香を受ける。次いで、司教杖持ちは壇に上り、司教杖を差し出し、司教座まで司教に続き、司教座で司教杖持ちは再び司教杖を受け取る。

　福音書で、助祭が *Dominus vobiscum* を歌う時、司教杖が司教に差し出される。福音書の後で、司教が本にキスをする前に、司教から司教杖を受け取る。

　奉献で両手を洗った後、司教は立ち上がり、再び祭壇に行く。ミサの始まりの時のように、司教杖が差し出され、受け取られる。

　ミサの終わりに、司教杖持ちは *omnipotens Deus* の言葉で祝福のために司教杖を差し出し、祝福の後すぐに司教杖を受け取る。最後の福音書が聖ヨハネのものである場合、司教は福音書を単に祭壇で始める。次いで、司教は司教杖を取り、途中で最後の福音書を朗唱しながら司教座に行く。従って、司教杖持ちは司教の近くに留まる。しかし、最後の福音書が固有のものである場合、司教杖持ちは祝福の後で自分の場所に行く。最後の福音書の終わりに、司教杖持ちは壇に上り、司教杖を差し出すであろう。司教杖持ちは司教座まで司教に続き、そこで司教杖を受け取る。

司教冠持ち

一般的な規則

　1　司教冠持ちはフメラーレを身につけ、その端で両手を覆う。司教冠持ちはひもあるいは垂れ飾りを自分自身の方に向けて、司教冠を保持する。一度に1つの司教冠のみを保持する。他の司教冠は書簡側の祭壇上かあるいは祭器卓の上に置かれる。奉献の後には、司教冠は祭壇上に置くべきではない。

　2　2つの司教冠は以下のように使用される。：（a）宝石の司教冠は入祭文まで使用され、入祭文を読む間は司教冠は使用されない。；（b）金の司教冠は入祭文からクレドの歌の終わりまで使用される。；（c）次いで、宝石の司教冠がミサの終わりまで使用される。

　3　司教冠を誰に差し出すべきかを司教冠持ちが知っていることが重要である。司教座では、司教冠は司教の右側にいる助祭に渡し、司教の左側にい

る助祭から受け取る。祭壇では、2つを例外として、司教冠持ちは司教冠をミサの助祭に差し出す。荘厳ミサでのように、入祭文前と奉献で祭壇の献香が行われる。助祭は書簡側で司教の献香を行なう。これら2つの場面で、第1補佐助祭に司教冠を差し出し、第1補佐助祭が司教冠を司教にかぶせる。

4　一般的に、以下で司教は司教冠をかぶる。

（a）司教が司教座から祭壇、あるいは祭壇から司教座に行く時にはいつでも。；（b）献香を受けている間、あるいは両手を洗っている間。；（c）聖歌隊が何かを歌う間に座っている時。；（d）副助祭が書簡を歌う間。；（e）司教が司教座で座り、書簡と福音書を読む間。（f）祝福を与える間。この場合には大司教は司教冠を使用しない。上記の一般的な規則の適用については、下記の詳細な指示を参照のこと。

荘厳司教ミサ

詳細な指示

司教冠をかぶる　　　　　司教冠をはずす

1　三時課で、コープの後に　　　1　祈祷文前の
　　　　　　　　　　　　　　　　　 Dominus vobiscum で

2　カズラの後で　　　　　　　　2　祭壇の床で

3　祭壇で、祭壇の献香後　　　　3　司教座に到着時

4　司教がキリエの朗唱後に座る　4　聖歌隊により歌われるキリエ
　　場合　　　　　　　　　　　　　 の終わりに

5　司教がグロリアの朗唱後に座　5　聖歌隊により歌われる
　　る場合　　　　　　　　　　　　 グロリアの終わりに

6　司教が集祷文を歌った後で座　6　福音書前に助祭を祝福した後
　　る時

7　司教がクレドの朗唱後に座る　7　聖歌隊により歌われるクレド
　　時　　　　　　　　　　　　　　 の終わりに

8　Oremus と奉献唱の後　　　　 8　祭壇の床で

9　祭壇で、祭壇の献香後　　　　9　*Lavabo* で、これに続く
　　　　　　　　　　　　　　　　　 Gloria Patri の前に

10　2回目のすすぎの後、　　　10　司教が両手を洗った後
　　書簡側で

11　祝福で、　　　　　　　　　11　祝福の後すぐに
　　Sit nomen Domini の前に

12　司教が祭壇を離れようと　　12　司教座に到着時
　　している時

本持ち

一般的な規則

1　司教が何でも本から歌う時には、補佐司祭が本を保持する。しかし、司教が本から読む時には、本持ちが本を保持する。奉献で司教が *Oremus* を歌い、奉献唱を読む時には、補佐司祭ではなく本持ちがミサ典書を保持する。

本持ちは本の背を額につけて保持し、両手で下方から本を支える。本を保持する高さは注意深く判断するべきである。

2　司教が立って読む時、本持ちは立つ。司教が座って読む時、本持ちは司教座の最上段で跪く。

3　本持ちは本を保持している間、お辞儀をせず、あるいは片膝をつかないが、相方であるろうそく持ちも同様である。

4　一般に、本は司教のすぐ正面で保持する。しかし司教が両手を洗うか着衣している間、本持ちは司教の少し左側に立つ。

5　使用する必要がない時、本は保持する必要がない。本を運ぶ時、本は閉じるべきである。

6　本持ちが Canon かミサ典書のどちらの本を差し出すべきか、そしていつ差し出すべきかを知っていることが重要である。この情報は以下。しかし、ミサ典書が固有であるミサの部分のためにのみ使用されることを覚えていると大いに助けになるであろう。他の時には、Canon が使用される。司教座で唱えられる固有文は：入祭文、集祷文、書簡、福音書及び奉献唱である。祭壇では、聖体拝領唱と聖体拝領後の祈祷文である。

詳細な指示

　Canon とミサ典書は以下で使用される。

1　Canon、司教が着衣している間司教座で。

2　ミサ典書、司教が祭壇の献香後に司教座で立って読む入祭文のため。

3　Canon、グロリアのため。司教が冒頭の言葉を歌う間、補佐司祭がこれを保持する。司教が残りを読む間、本持ちが保持する。

4　ミサ典書、集祷文のため。補佐司祭が保持する。

5　ミサ典書、副助祭が書簡を歌い司教の指輪にキスをした後で司教が読む書簡・昇階唱・福音書のため。

6　Canon、クレドのため。グロリアの時と同じ。

7　ミサ典書、クレドの歌の終わりで。司教が *Dominus vobiscum* と *Oremus* を歌い奉献唱を読む間、本持ちが保持する[8]。司教が両手を洗った後で、補佐司祭がミサ典書を運び祭壇に置くか、あるいは補佐司教は本持ちにこれを行うよう指示しても良い。祭壇で補佐司祭は本の補佐をする。

8　Canon、ミサ後の感謝のため。

ろうそく持ち

一般的な規則

1　ろうそく、本　ろうそく持ちは右手でろうそくを保持する。ろうそく持ちは司教座と祭壇の両方で本の所で補佐する。ろうそくを持っている間、ろうそく持ちは決してお辞儀をせず片膝をつかないが、相方である本持ちも同様である。

2　司教座で　ろうそく持ちの場所は本持ちの左側である。本持ちが立つ時にろうそく持ちは立ち、本持ちが跪く時にろうそく持ちは跪く。使用する必要がない時には、ろうそくは保持する必要はない。ろうそくは本の近くかどこか他の適切な場所に置いても良いが、祭壇上には置かない。

3　祭壇で　奉献から聖体拝領までのろうそく持ちの場所は補佐司祭の左側である。奉挙の間、ろうそく持ちはろうそくを祭壇上に残し、最下段で跪く。聖体拝領後には、ろうそく持ちの場所は、書簡側の本の所である。

4　本持ちとともに　ろうそく持ちは、相方である本持ちの務めに精通しているべきである。彼らは通常一緒に行き来し、立つか跪き、お辞儀をするか片膝をつく。

---

[8] Stehle、Schober 及び Wapelhorst はそうである。しかし Martinucci と Fortescue は歌われる言葉の間は補佐司祭が本を保持するとしている。

香炉係

　香炉係の務めは実際的には荘厳ミサでの香炉係のものと同じである。以下の点は特別な注意を払うに値する。

　1　一般的に、香炉係の場所は祭器卓の所である。香炉係は跪きながら香炉の奉仕をする。香炉係は祭壇では香舟を助祭に手渡し、司教座では補佐司祭に手渡す。

　2　入祭文と奉献で、香炉係が跪くのを除き、いつものように祭壇で香が入れられて祝別される。

　3　書簡の後で、助祭が司教の指輪にキスをした時に、香炉係は福音書のために香を入れてもらうために、司教座に行く。司教座に近づく時、香炉係は司教にお辞儀をして、司教座の階段で跪く。香炉係は香舟を補佐司祭に渡す。香が入れられて祝別された後で、香炉係は立ち上がり、お辞儀をして、荘厳ミサでのように福音書の集団の一部をなすために行く。香炉係はアコライトの前で、祭壇から司教座、及び司教座から福音書が歌われる場所への行列の先頭を行く。祭壇での、祝福での、及び福音書の間の福音書の集団の位置を示す図を参照。香炉係は福音書の際にアコライトのために規定されている事を読むべきである。

　福音書の後で、香炉係は香炉を補佐司祭に手渡し、補佐司祭が司教の献香を行う間、補佐司祭のコープを保持する。

　4　奉献で、助祭が司教及び内陣にいる他の者の献香を行う時、香炉係は荘厳ミサでのように助祭について行く。香炉を受け取るとすぐに、香炉係は二振り2回で助祭の、それぞれ二振り1回で式典係と下級奉仕者の、最後に会衆の献香を行う。香炉係は香部屋までたいまつ持ちを先導し、*Sanctus*でたいまつ持ちとともに戻る。

　5　奉挙では、全ては荘厳ミサでのように行われる。

荘厳司教ミサ

アコライト

　アコライトの務めは実際的には、荘厳ミサでアコライトのために規定されているものと同じである。特別な注意が司教の両手を洗う儀式、及び福音書の際の儀式に必要とされる。

　1　両手を洗う際に　アコライトは司教の両手を洗う際に手伝う間、跪く。補佐司祭は司教にタオルを差し出す。司教は全部で4回両手を洗うが、最初の2回は司教座で、最後の2回は祭壇でである。
　a）着衣前
　b）奉献唱を読んだ後
　c）*Lavabo*で、司教が献香を受けた後
　d）第2のすすぎの後

　2　福音書で　香炉係が司教座に行く時、アコライトは荘厳ミサでのように、アコライトの燭台を持ち祭壇の正面に行く。福音書の集団が位置についた時、全員は片膝をつき、司教座に行き、そこで助祭が祝福を受けるまで跪く。その後、司教にお辞儀をしながら、福音書が歌われる場所に行く。位置を示す図を参照。

　3　三時課で　司教が祭服を着る間に三時課が歌われる場合、アコライトには行うべき追加の務めがあっても良い。式典係からの合図でアコライトはアコライトのろうそくを持ち、司教の座席に行く。アコライトは司教にお辞儀をして、司教が補佐司祭により司教の前で開いて保持される本から祈祷文を歌う間、最下段の前で向き合いながら立つ。祈祷文の後でアコライトはお辞儀をして、自分の場所に戻る。この儀式は、三時課が歌われ司教が着衣を行う礼拝堂である*secretarium*で行われる。

膝掛け持ち

1　膝掛け持ちは、胸の前で畳んだ膝掛けを運ぶが、広げて膝掛けを差し出し、広げて受け取る。膝掛けは両手で運ぶ。

2　入祭文から奉献までの膝掛け持ちの場所は、司教座である。膝掛けは第1補佐助祭が司教に司教冠をかぶせた後で、第1補佐助祭に差し出す。膝掛けは第2補佐助祭が司教冠をはずす前に第2補佐助祭から受け取る。

3　膝掛けは司教が座っている間、司教の膝の上に置かれる。

a）キリエの朗唱の後（司教が座る場合）

b）グロリアの朗唱の後

c）副助祭が書簡を歌う間。膝掛けは、福音書前に司教が助祭を祝福するまではずさない。

d）説教の間

e）クレドの朗唱の後

f）奉献での *Oremus* の後。司教は座り両手を洗う。次いで、司教は祭壇に行き、膝掛けはもはや使用されない。膝掛けは畳んで祭器卓の上に置く。

裾持ち

司教が歩く時にはいつでも、裾持ちが司教に続き、裾が床に触れないようなやり方で裾の一番端を保持する。

司教が跪く時、裾持ちは裾の端の所で跪き、裾を床の上に広げておく。

司教が座る時、裾持ちは裾を伸ばすか、可能な限り最も良いように整える。

司教座で、裾持ちの場所は司教の左側の床の上である。グロリアとクレドの間、裾持ちは司教の左側の司教座の脇の最下段に座る。裾持ちは1人のみがいるべきである[9]。

---

[9] *Caer. Ep.* Lib. I, Cap. XV, 1.

たいまつ持ち

　たいまつ持ちは、荘厳ミサでたいまつ持ちのために規定されている全てを行う。加えて、たいまつ持ちは下で祭服の吏員のために規定されている事を行う。たいまつ持ちは8人を超えるべきではない[10]。

祭服の吏員

　祭壇から司教座まで祭服を運ぶことに関して、儀式や華やかさが多過ぎないことが賢明である。第2式典係からの合図で吏員は祭壇に近づき、片膝をつき、司教にお辞儀をする。第1の位階の者が二段目に上り、肩衣を受け取り、片膝をつき、直ちに司教座に行く。司教にお辞儀をして、肩衣を第1式典係に渡す。同様に、第2の位階の者がアルバを受け取り、第3の者がチングルムを、等々。祭服を差し出した後で、それぞれの者は司教にお辞儀をして、祭壇前で片膝をつき、自分の場所に戻る。これは司教の着衣の儀式を行う方法の1つである。ミサの終わりに、司教が祭服を脱ぐ時、祭服は同様のやり方で祭壇まで運び戻される。

---

[10] *Caer. Ep.* Lib. II, Cap. VIII, 68.

第１１章　晩課

一般的な指示

　晩課は様々な程度の荘厳さで行われても良い。ここでは、これらの３つの方法が以下の項目で記述されている。

1　単純晩課
2　荘厳晩課
3　司教晩課

　単純晩課は司式者が侍者のみ（アコライト２人、香炉係、及び可能であれば式典係）により補佐される晩課の別名である。コープを着た補佐者はいない。

　荘厳晩課は司式者がコープを着た２人、４人、あるいは６人もの補佐者、及び単純晩課で用いられるのと同じ人数の侍者により補佐される時の晩課に与えられる名である。

　司教晩課は司教、あるいは司教の祭服としるしの使用を享受している他の一定の高位聖職者により行われる。

　単純晩課と荘厳晩課は大きくは違わない。単純晩課が最初に扱われ、それぞれの侍者の務めがかなり詳細に述べられる。荘厳晩課と司教晩課では侍者の務めは詳細には述べられない。より荘厳な晩課での侍者は単純晩課での対応する務めに精通していることが想定されている。

　姿勢　晩課では単純・荘厳・司教に関わらず、侍者はカソックとスルプリを着る。加えて、司教晩課での司教杖持ちと司教冠持ちはフメラーレあるいはスカーフを身につけ、聖職者である場合にはコープを着ても良い。

　ろうそく　祭壇上で６本のろうそくが点火される。単純晩課と荘厳晩課では、アコライトのろうそくは香部屋で点火されるが、アコライトが祭壇に到

着するとすぐに消火される。司教晩課では、アコライトのろうそくは最初に*Magnificat*の後で点火される。

　晩課の間、アコライトの燭台は、祭壇の両側に１本づつ、脇の最下段あるいは床の上に置かれる。燭台上のろうそくは消火され、香炉係、聖具保管係、あるいはアコライトの１人が最後の詩篇の間にろうそくの再点火をする。

十字の印、お辞儀　全員 *Deus in adjutorium meum intende* と *Magnificat* の始まりで十字の印をする。

　全員、聖歌隊が *Gloria Patri* を歌う度、及び詩篇の栄唱（最後の節）の度にお辞儀をする。全員は、イエズス、マリア、あるいは祝日が祝われるか記念されている聖人の名でもまたお辞儀をする。慣習である場所では、*Sanctum et terribile nomen ejus*（詩篇 110）、及び *Sit nomen Domini benedictum*（詩篇 112）の節でお辞儀をしても良い。

晩課中の姿勢

　典礼上の聖歌隊がいる場合（内陣の聖職者が聖務日課を歌う場合）、聖歌隊のメンバーが立ち、跪き、座る時に、侍者は立ち、跪き、座る。この規則への例外はいずれも自明であるか、適切な箇所で述べられるかのどちらかである。典礼上の聖歌隊がいない場合、他に指示されているのでなければ、侍者は下で述べられる規則を遵守し、司式者もまた遵守する[2]。

---

[1] これは *Caer. Ep.* Lib. II, Cap. III, n. 2. の明確な規定である。新しい De Carpo-Moretti（1932）では全ての権威のように規則が述べられているが、「ろうそくを消火しない慣習は維持されても良い。」（47 ページ）と追加がある。慣習ではなく規則を遵守するべきである。

[2] 以下の本が侍者と平信徒のために薦められる。*The Layfolks Vesperal*、年間の全ての日のための晩課と終課の聖務のラテン語と英語での全文が、連祷、賛美歌、及び聖体降福式のための祈祷文とともに含まれている。また小冊子、*The Offices of Vespers and Compline for Sundays*。そしてベネディクト会の教会のために、*The Benedictine Vesperal*、ラテン文と英文。上の全ては Burns, Oates and Washbourne, London により出版されている。The Catholic Truth Society は Fortescue による注釈のある小冊子 *Vespers for Sunday* を出版している。

跪く *Aperi, Domine* の祈祷文の間、これは祭壇に到着するとすぐに唱えられる。司式者が立ち上がる時に、立ち上がる。

座る 最初の詩篇が先唱された時（最初の節の星印で）。詩篇と交唱の間座るが、交唱の先唱のために立つ。

立つ 司式者が小句を歌うために立ち上がる時。全員晩課の終わりまで立つ。しかしながら、聖歌隊が *Magnificat* の後の交唱を歌う間座り、*Magnificat* の前の交唱が全て歌われる場合には *Magnificat* の前の交唱の間も座る。*Magnificat* の前の交唱はしばしば先唱されるに過ぎない。

跪く 賛美歌 *Veni Creator Spiritus* と *Ave maris stella* の最初の節の間、及び祭壇上で聖体が顕示されている場合 *Pange lingua* の *Tantum ergo* の節の間。しかし、聖体が聖櫃の中にある場合、全員はそれぞれの教会の慣習に従って立つか跪く[3]。賛美歌 *Vexilla regis* の *O crux ave spes unica* の節の間もまた跪く。

聖歌隊へのお辞儀 いつものお辞儀をする。これらは項目8で説明されている。

---

[3] S.R.C. 1280, 2.

第12章　単純晩課

全ての侍者は前の項目で述べられている一般的な指示に精通しているべきである。

式典係

式典係（MC）は司式者の着衣を手伝う。MCからの合図で全員が十字架にお辞儀をする。点火したろうそくを持つアコライトが行列の先頭を行く。MCは左側の香炉係とともに続く。次いで司式者が続く。いつものように香部屋のドアで聖水を取る。

祭壇で　祭壇に到着するとすぐに、MCは司式者のビレッタを受け取り、司式者とともに片膝をつき、静かに唱えられる*Aperi, Domine*の祈祷文の間、司式者の右側で最下段に跪く。彼らは祈祷文の後で立ち上がり、片膝をつき、書簡側の正規の座席に行くことになっている場合には、最初に福音書側の聖歌隊に、次いで書簡側の聖歌隊にお辞儀をする。「彼らは、その時行こうとしている場所の反対側の聖歌隊を最初にして、両側の聖歌隊にお辞儀をする[1]。」

座席で　MCは司式者の右側に立ち、司式者とともに*Pater*と*Ave*を唱える。MCは*Deus in adjutorium meum intende*と後の*Magnificat*で司式者が十字の印をする間、コープの端を保持する。司式者が座る時、MCは司式者にビレッタを手渡す。詩篇の間、MCは司式者の右側の腰掛けに座る。*Gloria Patri*あるいはお辞儀を必要とする同様の言葉の直前に、ビレッタを脱ぐ合図としてMCは立ち上がり、司式者にお辞儀をする。聖歌隊がこれらの言葉を歌う間、MCは祭壇に向かってお辞儀をする。次いで、司式者に再

---

[1] Fortescue, p.216. Fortescueの明確でない規則の理由は明白である。司式者は書簡側の座席を占める必要はない。司式者はどちらかの側でも、聖歌隊の第1の座席を占めても良い。*Caer. Ep.* Lib. II. Cap. III, 4.　Fortescue, p. 213.　Martinucci, Vol. 1, Cap. XIV, 57.　本書の項目8dを参照。

びお辞儀をしながら、MCは座る。最後の詩篇の終わり頃に、MCは香炉係あるいは他の誰かがアコライトのろうそくを再点火することを確かめる。最後の交唱の後で全員立ち上がる。司式者はビレッタをMCに手渡し、立ち上がりながら小句を歌い、賛美歌を先唱する。

Magnificat 司式者は *Magnificat* の交唱を先唱し、復唱（通して歌われる）である場合には、司式者は座り、ビレッタを再びかぶる。MCと他の全ての者は同じように座る。復唱でない場合、誰も座らない。先唱者が *Magnificat* の先唱を始めるとすぐに、全員立ち上がり、十字の印をする。司式者とMCは祭壇に行き、聖歌隊にお辞儀をして、片膝をつき、壇に上る。MCはミサで助祭が行うように、司式者の右側に立つ。左手でコープの端を保持し、右手で香舟を持つ。MCは香さじを司式者に手渡す時、*Benedicite, Pater reverende.* を唱える。

香が祝別された時、MCは香舟を香炉係に返し、香炉係から香炉を受け取り、項目13bに述べられていることを遵守しながら香炉を司式者に手渡す。祭壇の献香の間、MCは司式者につき、コープの右端を保持する。祭壇はミサの入祭文の時のように献香される。献香が終わった時、MCは書簡側の隅で司式者から香炉を受け取り、香炉係に手渡す。MCは中央まで司式者について行き、司式者とともに十字架にお辞儀をして、床に下り、片膝をつき、聖歌隊にお辞儀をして、司式者とともに座席に行く。

座席に到着するとすぐに、MCは香炉係から香炉を受け取り、前後にお辞儀をしながら、二振り3回で司式者の献香を行なう。MCは香炉を香炉係に返し、司式者の右側の自分の場所に戻る。MCは聖職者の後で献香を受ける。

Magnificatの後 *Magnificat* の終わりで *Sicut erat* の後に、全員交唱の間座る。終わった時、MCは司式者のビレッタを受け取る。全員立ち上がり、司式者は *Dominus vobiscum* と聖務日課の集祷文を歌う。何か記念がある場合には、記念が続く。聖母マリアの賛美歌の間、土曜日、日曜日、及び復活節の間の全ての日には全員立つ。他の日には全員跪き、賛美歌の後で司式者

のみが祈祷文を歌うために立ち上がる。その後、全員片膝をつき、香部屋に行く。全員十字架にお辞儀をして、MCは司式者の脱衣を手伝う。

聖体降福式が晩課の後直ちに続く場合、司式者と侍者は内陣を離れない。

香炉係

準備 香炉係は必要な時に用意ができているように、香炉内の火を準備する。香部屋で十字架にお辞儀をした後で、香炉係はアコライトの後方、式典係の左側で内陣に入る。祭壇に到着するとすぐに、香炉係は司式者の後方で片膝をつき、司式者は*Aperi, Domine*の祈祷文を唱えるために跪く。香炉係はアコライトが香炉係の両側に1人づつ来て立つまで、立ったままでいる。彼らは一緒に片膝をつき、直ちに祭器卓の所の自分の場所、あるいは割り当てられている場所に行く。そこで彼らは跪く。司式者が立ち上がる時、彼らは立ち上がる。

詩篇の間 香炉係は最初の詩篇の先唱の後で座る。最後の詩篇の終わり頃に香炉係は立ち上がり、アコライトのろうそくの再点火を行う[2]。次いで、香炉係は香炉の準備のために香部屋に行く。*Magnificat*の交唱が先唱される時、あるいは少し前に、香炉係は内陣に再び入り、片膝をつき、書簡側に行き、そこで福音書側を向きながら立つ。

Magnificatで 司式者と式典係が正面の階段から壇に上る時、香炉係は脇の階段から上る。香炉係は香舟を式典係に渡し、ミサでのように香が入れられて祝別される。香炉係は香炉を式典係に渡し、式典係から香舟を受け取り、香舟を祭器卓の上に置く。香炉係は直ちに壇に戻り、司式者が祭壇の献香を行なう間、コープの左端を保持する。書簡側で香炉係は式典係の右側に移り、式典係から香炉を受け取る。香炉係は脇の階段から床に下りて、左側から回

---

[2] Bauldry, Falice 他は香炉係がろうそくの再点火を行うことを薦めている。香炉係は香部屋への途中でこれを行うことができる。

り、座席に行く。項目 30 を参照。香炉係は香炉を式典係に手渡し、式典係が司式者の献香を行なう間、式典係の左側に立つ。

香炉係が聖職者等の献香を行なう。 項目 14 を参照。香炉係はミサでのように聖職者、式典係、アコライト、会衆の献香を行なう。聖職者は以下のように献香を受ける。香炉係は福音書側、あるいはより高位の位階の側の全ての聖職者に一度お辞儀をして、それぞれの者の献香を二振り1回で行ない、再びお辞儀をする。香炉係は向きを変え、中央で片膝をつき、同じやり方で書簡側の聖職者の献香を行なうために行く[3]。*Magnificat* の *Gloria Patri* で香炉係は献香を止め、祭壇に向かってお辞儀をする。司式者が集祷文前の *Dominus vobiscum* を歌った後では、誰の献香も行わないことになっている。香炉係の務めはこの時終わる。香炉係は祭壇前で片膝をつき、香炉を片付けた後で内陣の自分の場所に戻る。しかし、聖体降福式が続く場合、香部屋は司式者が祭壇に行くまで香部屋に残る。その後、香炉係はたいまつ持ちの先頭で内陣に戻り、いつものように補佐する。

アコライト

準備 第1アコライトは荘厳さに応じて4本あるいは6本のろうそくに点火する。そして第1アコライトは香部屋でアコライトのろうそくに点火する。式典係からの合図でアコライトは香部屋の十字架にお辞儀をして、祭壇まで行列の先頭に立つ。ミサでのように、第1アコライトは書簡側で正面の階段の端に行き、第2アコライトは福音書側の同様の場所に行く。司式者が中央に到着する時、アコライトは司式者とともに片膝をつく。アコライトは直ちに祭壇の両脇に行き、アコライトのろうそくを両側に1つづつで脇の最下段に置き、ろうそくの火を消す。次いで、アコライトは、香炉係がアコライトを待ちながら立っている祭壇の中央に行く。アコライトは香炉係とともに片膝をつき、祭器卓の所の自分の場所、あるいは割り当てられた場所に行く。アコライトは司式者が *Aperi, Domine* の祈祷文を唱えている間跪く。

---

[3] Fortescue, p.124.

詩篇の間 121ページの「晩課中の姿勢」を参照。アコライトは *Gloria Patri* の間お辞儀をするが、式典係は1人立ち上がり、これが歌われる間立っている。最後の詩篇の間、アコライトのろうそくは香炉係、あるいは聖具保管係、あるいは第1アコライトによって再点火される。

小句 最後の詩篇の *Gloria Patri* の後で、アコライトはろうそくを取りに祭壇の脇に行く。アコライトは中央で片膝をつき、司式者に近付き、司式者にお辞儀をする。その後、分かれながら、アコライトは司式者の両脇、そして少し前に1人づつ、向かい合いながら立つ。図21を参照（129ページ）。アコライトは司式者が小句を歌う間、及び司式者が賛美歌を先唱するまで、この位置に残る[4]。その後、一緒に司式者の前に来ながら、アコライトはお辞儀をして、中央に行き、片膝をつき、アコライトのろうそくを祭壇の階段に置く。アコライトはろうそくの火を消さない。ろうそくは祭壇の献香の間に障害になる場所に置くべきではない。各アコライトは両手を合わせて、*Magnificat* の終わりまで燭台のそばに留まる。図22を参照（130ページ）。

Magnificat の後 *Magnificat* に続く *Sicut erat* で、アコライトは再びろうそくを持ち、司式者が集祷文と何か記念がある場合には記念を歌う間、司式者の前で立つ。アコライトは小句を歌う際と同じ儀式を行う。司式者が2回目に *Dominus vobiscum* を歌った時、アコライトは司式者にお辞儀をして、祭壇に戻り、ろうそくを最下段に置く。アコライトは晩課の終わりまで、ろうそくのそばに留まる。行列が内陣に入ったのと同じ順で、香部屋まで戻る。

聖体降福式が続く場合、アコライトは聖母マリアの賛美歌の間に祭壇上のろうそくに点火する。

---

[4] 賛美歌が *Ave maris stella* あるいは *Veni Creator Spiritus* である場合、他の全ての者が跪いても、アコライトは跪かない。アコライトは司式者が立ち上がるまで司式者の前に残り、その後、司式者にお辞儀をしながらアコライトは出発する。

侍者奉仕

第１３章　　荘厳晩課

　侍者が単純晩課の儀式及び全ての種類の晩課のための120ページの「一般的な指示」に精通していることが想定されている。侍者に関する限り、荘厳晩課の儀式は単純晩課のものと大きくは異なっていない。２つの間で異なる点のみがここで述べられる。

　荘厳晩課では司式者は２人、４人、あるいは６人の補佐者、あるいはコープを着た聖職者により補佐される。これらの２人はいつも、座席で司式者のそばに座り、祭壇の献香の間、司式者を補佐する。第１補佐者は司式者の右側に、第２補佐者は司式者の左側にいる。

式典係

　座席で式典係は第１補佐者の右側の自分の席を占める。式典係は最初の交唱、賛美歌、及び *Magnificat* の交唱を前先唱するために第１補佐者が司式者の前に来る時、第１補佐者について行く。そして式典係は先唱者が聖歌隊中の最も高い位階あるいは年長の者の所に交唱の前先唱のために行く時、先唱者について行く。

　司式者と補佐者が祭壇の献香のために祭壇に行く時、式典係と香炉係は彼らとともに片膝をつき、書簡側の脇の階段から壇に上る。香が入れられて、ミサの入祭文でのように祭壇の献香が行われる。補佐者は助祭と副助祭の代わりを務める。司式者は座席で第１補佐者により献香を受ける。式典係は誰の献香も行わず、香炉にも触れない。式典係は補佐者の後で献香を受ける。

香炉係

　ミサの入祭文でのように香が入れられて祝別される。コープを着た補佐者２人が、司式者が祭壇の献香を行う間、司式者の補佐をする。香炉係は床で立つ。香炉係はいつものように書簡側で香炉を受け取り、座席に行く。そこで香炉係は香炉を第１補佐者に渡し、司式者が献香を受ける間コープの端を保持しながら第１補佐者の右側に立つ。

荘厳晩課

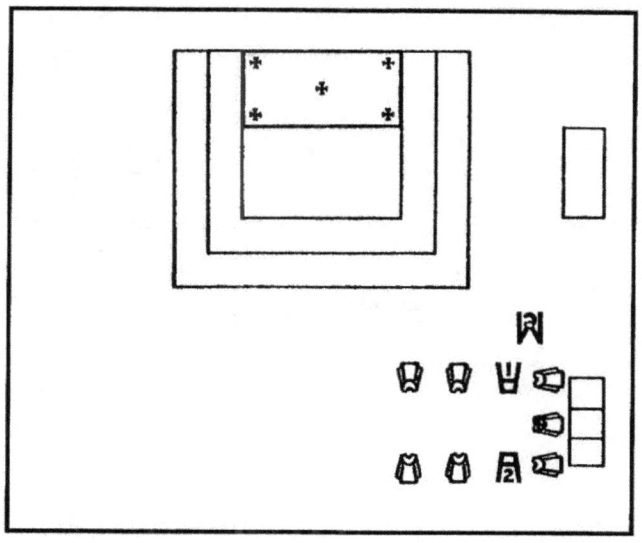

図 21　小句と集祷文の間の位置

　2人のコープを着た補佐者しかいない場合、香炉係は聖職者、補佐者、式典係、アコライト、及び会衆の献香を行う。各補佐者は二振り2回で献香を受け、他の者は単純晩課でのように献香を受ける。しかし、4人あるいは6人の補佐者がいる場合、第1補佐者が司式者の献香を行い、コープの端を保持する香炉係を伴った最後の（第4あるいは第6）補佐者が聖職者と残りの補佐者の献香を行う。次いで、香炉係は香炉を受け取り、最後の補佐者、式典係、アコライト、及び会衆の献香を行う。

侍者奉仕

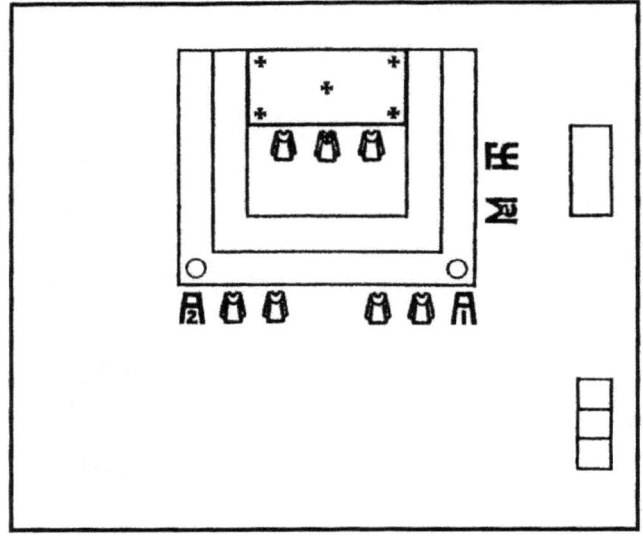

図 22　祭壇の献香中の位置：6 人の
　　　コープを着た補佐者が描かれている。

アコライト

　アコライトの務めは単純晩課でのものと同じである。しかしながら、4 人あるいは 6 人のコープを着た補佐者がいる場合、これらの何人かあるいは全員もまた小句と集祷文の間司式者の前に立つであろう[1]。図 21 を参照。最大の動作の統一性が得られるように、アコライトは彼らとともに片膝をつき、彼らとともにお辞儀をして、あらゆる意味で彼らに一致するべきである。

---

[1] Schober, p. 346; Wapelhorst, p. 315; の図表を参照。Fortescue, p.222 の図表はやや異なっている。

第１４章　司教晩課

　ここで務めが概説されている下級奉仕者はカソックとスルプリを着る。加えて、司教杖持ちと司教冠持ちはフメラーレあるいは絹のスカーフを身につける。聖職者である場合、フメラーレの上にコープを着ても良い。司教杖、司教冠、本及びろうそくの奉仕者には、荘厳司教ミサ中とほとんど同じ務めがある。彼らはそこで司教杖、司教冠等を保持するか差し出す適切なやり方が説明されているのを見出すであろう。彼らは祭壇前でいつものように片膝をつく。そして司教座に近づく時、及び司教座から離れる前に彼らは司教にお辞儀をする。105ページの「荘厳司教ミサ」の一般的な説明の二段落目を参照。

司教杖持ち

　荘厳司教ミサでの司教杖持ちの指導のための５つの一般的な規則は、司教晩課にも同様に適用される。これらの規則はここで繰り返す必要はない。107ページを参照。

　晩課では、司教は以下で司教杖を使用する：

　１　**Magnificat で**　*Magnificat* が先唱される時、司教は立ち上がり、十字の印をする。司教杖持ちは司教杖を差し出し、祭壇まで司教に続く。司教杖持ちは司教冠がはずされる前に、祭壇の床で司教から再び司教杖を受け取る。

　２　**献香後**　司教が祭壇の献香を終えた時、司教は書簡側の隅の床で最初に司教冠を、次いで司教杖を受け取る。司教は司教座に行き、*Magnificat* の終わりの *Sicut erat* まで司教杖を保持する。

　３　**祝福で**　これは *Benedicamus Domino* に続く。司教杖は *Omnipotens Deus* の言葉で差し出され、聖体降福式が続く場合には、司教は司教杖を保

持し、祭壇の床に行き、そこで司教杖持ちが再び司教杖を受け取る。司教座の場所が信徒から見えないようなものである場合には、司教は祭壇から祝福を与えても良い。

司教冠持ち

晚課では2つの司教冠が使用される。司教は詩篇の歌中に座っている間、金の司教冠を使用する。他の時には、何かの司教冠を身につける場合、それは宝石の司教冠である。使用されていない司教冠は書簡側の祭壇上に置かれ、垂れ飾りを正面に向けて伸ばす。

司教座と祭壇の両方で、第1補佐助祭は司教の右側、第2補佐助祭は司教の左側にいる。第1補佐助祭が司教に司教冠をかぶせ、第2補佐助祭が司教冠をはずす。適宜、司教冠を差し出し、受け取る。

司教冠をかぶせる	*司教冠をはずす*
1　着衣の際、コープの後に	1　少しの間かぶり、次いではずして祭壇上に置く。金の司教冠が司教座に運ばれる。
2　最初の詩篇が先唱された後で司教が座る時	2　副助祭が小句を歌った後に司教が座る時。司教冠は賛美歌の間かぶらない。
3　*Magnificat* の交唱の先唱後に司教が座る時	3　司教が祭壇の床に到着する時
4　司教が祭壇の献香を行なった後、書簡側の壇で	4　司教が司教座で献香を受けた後に座る時
5　*Magnificat* に続く *Sicut erat* で	5　*Magnificat* の交唱の終わりで
6　*Benedicamus Domino* に続く祝福のため	6　聖体降福式が続く場合、司教冠は祭壇の床ではずされる
7　聖体降福式後、祭壇の床で	7　司教座に到着した時

本持ち

本持ちは司教の前で本を保持しない。これは補佐司祭により行われる。本持ちの務めは *Deus in adjutorium meum intende* のため、最初の交唱・賛美歌・*Magnificat* の交唱の先唱のため、集祷文のため、及び祝福のために、開いた本を補佐司祭に差し出すことである。

相当な時間、使用する必要がない時、本は保持する必要はなく、祭器卓の上に置いても良い。

ろうそく持ち

補佐司祭が司教の前で本を保持する。ろうそく持ちは補佐司祭の左側に立ち、右手でろうそくを保持する。他の時には、ろうそく持ちは、相方である本持ちについて行く。ろうそく持ちは、司教が *Deus in adjutorium meum intende* を歌う時、そして司教が最初の交唱、賛美歌、Magnificat の交唱を先唱する時、司教が集祷文を歌う時、*Benedicamus Domino* に続く祝福の際に、ろうそくを持って奉仕する。

使用する必要がない時、ろうそくは保持する必要はない。ろうそくは祭器卓の上あるいは本のそばに置いても良い。

香炉係

司教が *Magnificat* の交唱を先唱する時、香炉係は司教座に行き、司教にお辞儀をして、階段で跪く。香炉係は香舟を補佐司祭に手渡し、司教の前で香炉を開けて保持する。香が入れられて祝別された時、香炉係は香炉を閉じて、立ち上がり、香舟を受け取り、司教にお辞儀をして、中央を通る時に片膝をつきながら書簡側に行く。香炉係は脇の階段から壇に上り、補佐司祭に香炉を渡し、再び床に下りる。祭壇の献香が行われた後で、香炉係は書簡側で香炉を受け取る。香炉係は司教座に行き、補佐司祭に香炉を差し出す。香炉係は補佐司祭が司教の献香を行なう間、コープの端を保持する。

次いで、香炉係は香炉を副助祭あるいは交唱の前先唱を行う者に渡す。副助祭は左側の香炉係とともに、聖職者の献香を行なう。香炉係は香炉を受け

取り、二振り２回で副助祭の献香を行う。次いで、香炉係は荘厳晩課でのように、順に式典係、司教杖持ち、司教冠持ち、本持ち、ろうそく持ち、アコライト及び会衆の献香を行なう。司教が集祷文の前に *Dominus vobiscum* を歌う時、献香は全て中止する。

アコライト

1　第１アコライトは祭壇上の６本のろうそくに点火する。点火していないろうそくがのっているアコライトの燭台は晩課の前に祭壇の階段に置かれる[1]。

2　アコライトは最後の詩篇の間アコライトのろうそくに点火せず、小句の歌のために司教座にも行かない。これは副助祭により歌われ、アコライトは祭器卓の所の自分の場所に留まる。

3　司教が *Magnificat* の交唱を先唱した時、アコライトは祭壇の中央の前で片膝をつき、司教にお辞儀をする。次いで、アコライトは１人づつ祭壇の両側に行き、一番上の祭壇布の前半分が覆われないようにしながら塵除けの布を折り返す[2]。全ての祭壇は３枚の亜麻布で覆われている。次にこれらは一定の色の材質の塵除けの布、あるいは祭壇カバーにより覆われる。折り返すことになっているのは塵除けの布であって、祭壇布ではない。これは晩課の前に聖具保管係により行われても良い[3]。司教が祭壇の献香を行なっている間、アコライトは１人づつ祭壇の両側で、向かい合いながら立つ。献香の後、アコライトは塵除けの布を戻す。この布は聖体降福式の前に取り除かれる。

4　*Magnificat* の *Gloria Patri* の後でアコライトはアコライトのろうそくに点火し、祭壇前で片膝をつき、司教座に行く。アコライトは司教にお辞儀をして、司教が２回目に *Dominus vobiscum* を歌うまで最下壇の下で向かい合いながら立つ。次いで、再び司教にお辞儀をしながら、アコライトは祭壇に戻り、片膝をつき、アコライトのろうそくを祭壇の階段あるいはろうそく

---

[1] Stehle と De Herdt はこの通り。しかし、Martinucci, Fortescue 及び *Baltimore Ceremonial* は燭台が祭器卓の上に置かれるとしている。

[2] *Caer. Ep.* Lib. II, I, 13 and 15.

[3] De Herdt II, 27.

が晩課の間祭器卓の上にあった場合には祭器卓の上に置く。どちらの場合も、聖体降福式が続く場合には、ろうそくは祭器卓の上に置かれる。

第15章　顕示された聖体の前での晩課

　2つの場合がありえる。聖体は晩課の前に顕示されているか、顕示されていないかのどちらかである。キリストの聖体の祝日八日間の間のように聖体がすでに顕示されている場合、侍者は他の全ての晩課のためのように内陣に入る。しかしながら、下で説明されるように、両膝をつく。香炉も点火したたいまつも必要とされない。

　しかし聖体が顕示されていない場合、侍者は以下の順に内陣に入る。香炉を持った香炉係、アコライト、点火したたいまつを持った少なくとも2人のたいまつ持ち、式典係等。司式者は聖体を顕示して献香を行なう。次いで、司式者は *Aperi, Domine* の祈祷文を朗唱し、座席に行く。香炉係とたいまつ持ちは両膝をつき、香炉とたいまつを片付けるために香部屋に行く。香炉係とたいまつ持ちは再び両膝をつきながら、内陣の自分の場所に戻る。晩課の間、いつものように香炉が使用され、たいまつは聖体降福式のために必要になるであろう。以下の一般的な規則は全ての者に適用される。

1　聖体が顕示されている間、いつでも内陣に入り内陣から離れる時に両膝をつく。この膝をつくことは、両膝で跪き、頭と肩両方を中位に傾けることで行われる。晩課の間、他の全ての膝をつくことは片膝のみで行われ、頭は下げない[1]。

2　アコライトはアコライトのろうそくをいつものように祭壇の脇の階段に置くが、アコライトはろうそくの火を消さない。

3　誰かの献香の前後のお辞儀を除き、全てのお辞儀は省略される。

4　司式者が聖体の献香を行なっている間、全員跪く[2]。*Magnificat* で香を入れた後で、司式者は2番目の段に跪き、聖体に献香を行なう。単純晩課では式典係と香炉係が司式者のそばで跪き、司式者のコープの端を保持する。

---

[1] S.R.C. 2682, 49; 3426, 6; 4179, 1.
[2] De Carpo-Moretti, p. 57.

顕示された聖体の前での晩課

5　何の目的であっても、壇に上る前に侍者は床で片膝をつく。侍者は床に戻るとすぐに再び片膝をつく[3]。

6　会衆の献香の間、香炉係は背を直接聖体に向けないように、中央ではなく、いくらか福音書側の方で立つ。

---

[3] S.R.C. 3975, I, 2.

侍者奉仕

第１６章　死者のための晩課

１　６本の未漂白の蜜蝋のろうそくが祭壇上で点火される。

２　死者のための晩課では、香炉は使用されない。従って、香炉係は必要とされない。

３　単純晩課と荘厳晩課ではアコライトには務めはない。アコライトは点火した未漂白の蜜蝋のろうそくを運びながら内陣への行列の先頭を行く。アコライトはろうそくを階段に置き、消火する。その後、アコライトはろうそくに触れない。

Requiescant in pace の後で、「アコライトは片膝をつき、両手を合わせて、聖職者と司式者を従えて香部屋に行く[1]。」

死者のための司教晩課では、*Magnificat* の交唱が繰り返されている間に司教が座る時、点火した未漂白のろうそくを持つアコライトはいつものように司教の前に行く。他の全員が跪いていても、アコライトは立ったままでいる。*Requiescant in pace* の後、アコライトはお辞儀をして、ろうそくを階段に置く。

---

[1] *Baltimore Ceremonial*, 7th ed., p. 210; De Carpo-Moretti, pp. 60-62 も参照。

第17章　侍者のみを伴う聖体降福式

前置き

　聖体降福式では様々な組み合わせがありえる。司式者は侍者のみにより補佐されても良い。司式者は聖体を司式者のために顕示する司祭を伴っても良い。司式者は助祭と副助祭により補佐されても良い－荘厳聖体降福式。聖体降福式は司教あるいは他の高位聖職者により行われても良い－司教聖体降福式。聖体は納められているのとは別の祭壇で顕示されても良い。

　「聖体降福式は厳密には典礼儀式ではないため、当然、異なる国々では聖体降福式の形式に少なからぬ地域的な違いがある[1]。」　たいていの認められた著者は聖体降福式での司式者の務めをかなり詳細に述べているが、侍者にはほとんど言及しておらず、言及しているところでは、指示はわずかで、またあいまいである[2]。

　侍者の人数は規定されていない。しかしながら、香炉係がいなければならない。2人、4人、6人、あるいは8人のたいまつ持ちがいるべきである。アコライト2人がいても良いし、式典係がいても良い。アコライト2人がいる場合、式典係は不要であろうし、式典係がいる場合、式典係と香炉係がアコライトのために規定されていることを容易に行うことができる。

いくつかの一般的な規則

　1　聖体降福式の間、膝をつくことは全て片膝のみで行われる[3]。しかし、聖体が顕示されている間に侍者が内陣に入るか内陣から離れる場合、侍者は祭壇に到着した時と祭壇から離れる前に両膝をつく[4]。

---

[1] Fortescue, p. 255; Callewaert, p. 262.
[2] Wapelhorst は「わずかであいまい」が意味するものの良い例を提供している。10th ed., pp. 289 and 294. を参照。
[3] S.R.C. 4179, III, 5.
[4] S.R.C. 937, 6; 2682, 47; 4048, 11.

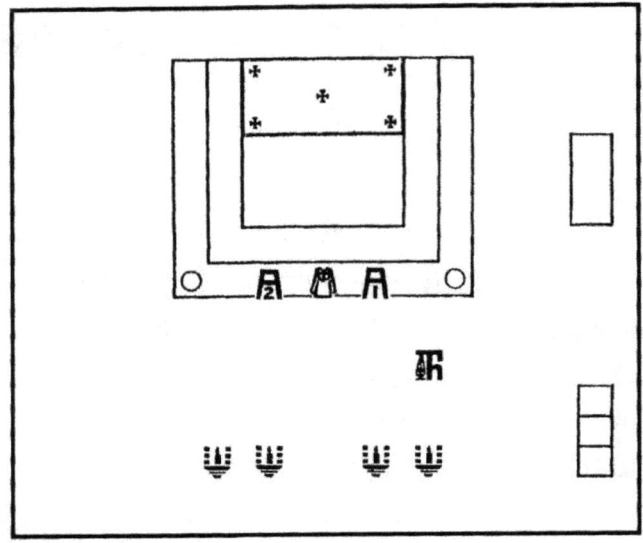

図 23　侍者のみを伴う聖体降福式

  2　「伏して、拝もう」を意味する *Veneremur cernui* の言葉を歌う間、全員お辞儀をする（お辞儀 M）。

  3　司式者が賛美の祈り Divine Praises でイエズスの名を発音する時、及び聖体降福式の後で *Gloria Patri* が歌われる場合には *Gloria Patri* の間、全員頭を深く下げる。

  4　ある務めを行うために立つことが必要になるのでなければ、全員通常は跪く。聖体降福式の終わりに、聖体が聖櫃に納められて聖櫃の扉が占められたらすぐに全員立つ。

香炉係

香は香炉の中に2回入れられる[5]。（1）聖体が顕示されたらすぐに。（2）*Genitori Genitoque* の節の始まりで。両方の場面で同じ儀式が行われる。

---

[5] 顕示の賛美歌と *Tantum Ergo* の間に特別な祈祷文あるいは賛美歌がない場合には、香は1回のみ入れられる。S.R.C. 4202, 1.　香炉係でなく司式者が審判である。

香炉係はある務めを行うために立つ必要がある時を除き、聖体降福式の間跪く。香炉係の場所は司式者の後方、たいまつ持ちの間である。あるいはさらに良くは、香炉係は祭壇の正面で、しかしいくらか書簡側の方で跪いても良い。

ミサでのように、香炉係は香が香炉に入れられている間、司式者のすぐ前に立つ。香炉係は香舟を司式者の右側に立っている誰かに手渡す。香炉係はこの者に香が入れられたらすぐに香炉も渡す。香炉を差し出す際、香炉係は右手で鎖の上部を保持する。司式者が聖体の献香を行っている間、香炉係は司式者の後方で跪く。しかし、第2アコライトがいない場合、香炉係は司式者の左側で跪き、聖体の献香が行われている間、コープの端を保持する。どちらの場合でも、司式者がお辞儀をする時に香炉係はお辞儀をする。項目12-13を参照。

司式者が聖体で祝福を与えている間、慣習である場所では、香炉係は二振り3回で聖体の献香を行っても良い[6]。

アコライト

祭壇の正面で片膝をついた後、アコライトはアコライトのろうそくを最下段あるいは床に置く[7]。次いで、アコライトは最下段で、1人づつ司式者の両側で跪く。「アコライトのろうそくを持つアコライトに関してどの文書にも何も述べられていない。たいまつ持ちのみが奉仕することが想定されている。しかしながら、アコライトの補佐は禁じられてはいない。特に教会の所有するたいまつの数が限られている場合には、司式者の後方のたいまつ持ちに加えて、アコライトもまたアコライトのろうそくを持って跪くことは合法でないようには思われない。」とFortescueは述べている[8]。

聖体がオステンソリウムに納められたらすぐに、必要であれば、第2アコライトは顕示の王座に届くようにするための踏み台を壇に運ぶ。第2アコラ

---

[6] この慣習は許されているが、規定されていない。S.R.C. 3108, 6.
[7] Callewaert, p. 271.
[8] *The Roman Rite*, p. 257. Schober, p. 220. もそうである。

イトは聖体が王座に置かれるまで壇で跪いたままでいる。次いで、第2アコライトは踏み台を床の上に戻す。両方のアコライトは司式者とともにお辞儀をして（お辞儀M）、香が香炉に入れられている間立つ。第1アコライトは香舟を持ち、第2アコライトは司式者のコープの端を保持する。香が入れられた時、第1アコライトは香炉係から香炉を受け取る。両方のアコライトは司式者のそばで跪く。第1アコライトは香炉を差し出し、その際に、右手で鎖の上部を持ち、左手で鎖の下部を持つ。第1アコライトは司式者が容易に香炉を受け取ることができるように、右腕を司式者の前で優美に振り上げる。両方のアコライトはコープの端を保持し、司式者が聖体の献香を行う前後に司式者とともに頭を深く下げる。アコライトは聖歌隊が *Veneremur carnui* の言葉を歌う間、お辞儀をする（お辞儀M）。*Genitori Genitoque* の言葉でいつもの儀式とともに、2回目に香が入れられる。

　第1アコライトは祈祷文のカードを持ち、*Oremus* の言葉で全員、司式者とともに頭を深く下げる。第1アコライトは、片膝をつかずに、フメラーレを取りに行き、戻りながら、跪いたらすぐにフメラーレを司式者の肩に掛ける[9]。第2アコライトは必要であれば再び踏み台を壇に運ぶ。司式者がオステンソリウムを祭壇上に置いた時、踏み台は下方の床に取り除かれ、アコライトは自分の場所に戻る。祝福の間、慣習である場合には、第1アコライトは小さな鈴を鳴らしても良い。鈴を鳴らすことは規定されていないが[10]、行われている場所では、鈴は軟らかく、優しく鳴らされるべきであり、暴力的には鳴らされるべきではない。

　祝福の後で、司式者は片膝をつき、自分の場所に下りる。第1アコライトは司式者に賛美の祈りが含まれている祈祷文のカードを手渡す。第1アコライトは司式者の肩からフメラーレをはずして折り畳み、祭器卓の上に置く。

　荘厳聖体降福式では助祭と副助祭が司式者のそばで跪く。式典係がいると良いであろう。そして、アコライトがいる場合、アコライトはアコライトのろうそくを正面の最下段の端に置き、ろうそくの前の床に跪いても良い。

---

[9] S.R.C. 4179, 2.
[10] *Baltimore Ceremonial*, p. 83.

侍者のみを伴う聖体降福式

たいまつ持ち

　少なくとも２人のたいまつ持ちがいるべきである。「４人、６人、あるいは８人がいても良い[11]。」　たいまつ持ちは点火したたいまつを持って内陣に入り、項目22で述べられていることを遵守する。

---

[11] Fortescue, p. 257.

第18章　ドミニコ会司祭により行われる読誦ミサの奉仕の仕方

ローマ典礼とドミニコ典礼の間の相違点のみがここで述べられる。侍者はローマ典礼による読誦ミサの儀式に精通していることが想定されている。

儀式

祭壇に着いた時、侍者は司祭とともに片膝をつき、直ちに祭器卓に行く。奉献ではなくミサの始まりの際に、ワインと水がカリスの中に注がれる。瓶はいつものやり方で差し出される。しかしながら、死者ミサを除き、水の瓶を差し出す際に侍者は *Benedicite* を唱える。司祭は *In nomine ✠ Patris, et Filii, et Spiritus Sancti* を唱えながら、水を祝別する。侍者は *Amen* を答える。侍者は瓶を祭器卓の上に戻し、福音書側の自分の場所に行く。

Confiteor の間、侍者は *mea culpa* の言葉で胸を叩かない。侍者は書簡の終わりに *Deo gratias* を答えず、福音書の後で *Laus tibi, Christe* も答えない。侍者は *Orate fratres* で何の応唱もしない。

奉献で水もワインも供されないが、福音書あるいはクレドの後で *Lavabo* あるいは司祭の指を洗うことがいつものやり方で行われる。

Sanctus で鈴を鳴らした後で、侍者は奉挙のろうそくに点火する。項目31を参照。司祭はカリスの上で両手を広げないが、侍者は聖変化の直前に、司祭がカリスの上で5回十字の印をするのを見た時に鈴を鳴らす。鈴は奉挙でいつものように鳴らされる。鈴はまた、*Agnus Dei* の際に、*Agnus Dei* の言葉が発音される毎に1回づつ、3回鳴らされる。*Domine non sum dignus* はミサ自体では出て来ないが、聖体を配る直前にいつものように唱えられる。項目24aを参照。

点火したろうそくを持つ侍者が聖体を配る間、司祭につく。この侍者の場所は司祭の右側である。最後の福音書の終わりに、侍者は *Deo gratias* を答える。

ドミニコ会司祭により行われる読誦ミサ

階段祈祷

司祭： In nómine Patris, ✠ et Fílii, et Spíritus Sancti. Amen. Confitémini Dómino quóniam bonus.

侍者： Quóniam in saéculum miseridórdia ejus.

司祭： Confiteor 等（司祭は *Confiteor* を唱える）

侍者： Misereátur tui omnípotens Deus, et dimíttat tibi ómnia peccáta tua: líberet te ab omni malo, salvet, et confírmet in omni ópere bono, et perdúcat te ad vitam aetérnam.

司祭： Amen.

侍者： Confiteor Deo omnipoténti, et beátae Maríae semper Vírgini, et beáto Domínico Patri nostro, et ómnibus Sanctis, et tibi, pater: quia peccávi nimis cogitatióne, locutióne, ópere, et omissióne, mea culpa: Precor te oráre pro me.

司祭： Misereátur vestri omnípotens Deus, et dimíttat vobis ómnia peccáta vestra: líberet vos ab omni malo, salvet, et confírmet in omni ópere bono, et perdúcat vos ad vitam aetérnam.

侍者： Amen.

司祭： Adjutórium nostrum in nómine Dómini.

侍者： Qui fecit caelum et terram.

司祭は祭壇に上る。

文献リスト

Augustine, C., *Liturgical Law* (Herder, 1932).

Caeremoniale Episcoporum, latest revision, 1886, Published by Pustet, Dessain, Marietti, and others. その名前と不十分な配列にもかかわらず、儀式一般についての権威のある多くの情報が含まれている。

Ceremonial for the Use of Catholic Churches in the United States (The Baltimore Ceremonial), 9th ed. (Philadelphia: Kilner, 1926).

Fortescue-O'Connell, *The Ceremonies of the Roman Rite Described*, 4th ed. (London: Burns, Oates and Washbourne, 1932). 特に改訂版は優れた著作である。

De Carpo-Moretti, *Caeremoniale* (Italy: Marietti, Turini, 1932).

De Herdt, J. B., *Sacrae Liturgiae Praxis*, 3 vols., 10th ed. (Louvain: Van Linthout, 1903).

De Herdt, J. B., *Praxis Pontificalis*, 3 vols. (Louvain, 1904). これは *Caeremoniale Episcoporum* の解説である。

Kunz, Ch., *Die Liturgischen Verrichtungen des Celebrantem; . . . der Leviten und Assistenten; . . . der Ministmnten*, 3 vols. (Pustet, 1901-1904).

Le Vavasseur-Haegy, *Manuel de Liturgie et Ceremonial selon le rit romain*, 2 vols., 14th ed. (Paris; Lecoffre [Gabalda], 1928).

Le Vavasseur-Haegy, *Les Fonctiones Pontificales selon le rit romain*, 3rd ed. (Paris: Lecoffre [Gabalda], 1904).

Martinucci-Menghini, *Manuale Sacrarum Caeremoniarum*, 4 vols. (Pustet, 1911-1916).

Memoriale Rituum, translated into English by Father Clark.

この中では、助祭と副助祭なしで小教会で行われる時の聖母マリアの清め、灰の水曜日、及び聖週間の儀式が見出される。(London: Burns, Oates and Washbourne, 1926)

Schober, Geo., *Caeremoniae Missarum Solemnium el Pontificalium* (Pustet, 1909). この著作にも歌ミサ、荘厳晩課、聖体降福式等に関する良い論文が含まれている。

Stehle, A., *Manual of Pontifical Ceremonies*, rev. ed. (Latrobe. Pa.: Archabbey Press, 1916).

Van der Stappen, J. F., *Liturgiae Sacrae*, 3rd ed.. 5 vols, (Dessain: Mechlin, 1911-1915).

Wapelhorst-Bruegge, *Compendium Saerae Liturgiae*, 10th ed. (Benziger, 1925).

Wuest-Mullaney, *Matters Liturgical,* 3rd ed. (Pustet, 1931).

索引

アコライト
    歌ミサでの, 63
    司教の前での荘厳ミサ, 99
    司教晩課での, 134
    死者のための晩課での, 138
    死者ミサでの, 34, 68
    聖体が顕示されたミサでの, 95
    聖体降福式での, 141
    荘厳司教ミサでの, 117
    荘厳晩課での, 130
    荘厳ミサでの, 81
    たいまつ持ちとしての, 86
    単純晩課での, 126

アコライト2人の歌ミサ, 63
アコライト2人の死者の歌ミサ, 68
足, 13
いくつかの書簡、四季の斎日, 32
歌ミサでの主たる補佐者, 67
歌ミサでの書簡の詠唱者, 66

お辞儀
    種類, 9
    聖歌隊あるいは聖職者への, 10
    省かれる時, 11

カズラ
    折った, 33
    奉挙での保持, 31

カソック
    色, 6
    着衣, 7

灌水式
    歌ミサでの, 63
    荘厳ミサでの, 74

キス
    新しく祝別された枝の, 20
    新しく祝別されたろうそくの, 20

共通の儀式動作, 5
香舟持ち, 19

香炉
    献香の仕方, 18
    香を入れる, 17
    差し出し方, 17
    運び方, 16

香炉係
    司教の前での荘厳ミサ, 99
    聖体が顕示されたミサでの, 94
    聖体降福式での, 140
    荘厳死者ミサ, 100
    荘厳司教ミサでの, 116
    荘厳晩課での, 128, 133
    荘厳ミサでの, 76
    単純晩課での, 125

祭壇の鈴, 24
祭壇の鈴としては禁止されている鐘, 26
祭壇への敬意, 31
祭服の吏員、荘厳司教ミサでの, 119

式典係
    聖体が顕示されたミサでの, 95
    荘厳死者ミサでの, 101

荘厳晩課での, 128
荘厳ミサでの, 86
単純晩課での, 123
司教冠持ち
　司教の前での荘厳ミサ, 97
　司教晩課での, 132
　荘厳司教ミサでの, 111
司教杖持ち
　司教の前での荘厳ミサ, 97
　司教晩課での, 131
　荘厳司教ミサでの, 107
司祭が複数のミサを行う時のすすぎ, 33
侍者、不要な, 23
姿勢
　一般的な, 11
　クレドの間の, 34
　荘厳ミサでの, 73
　晩課中の, 121
詩篇42、省かれる時, 33
赦免
　死者の歌ミサに続く, 68
　荘厳死者ミサに続く, 102
十字架
　行列用, 21
　大司教の, 21
十字の印, 8
受難、読まれる時, 33
燭台
　アコライトによる運ばれ方, 21
　材質と構造, 22
　奉挙のろうそくのための, 31

裾持ち、荘厳司教ミサでの, 118
スルプリ
　着衣と脱衣, 7
　典礼的に正しい, 7
座る, 12
清潔, 5
聖水、差し出し方, 28
聖体降福式, 139
聖体拝領
　皿あるいはパテナ, 26
　優先権, 27
荘厳死者ミサ, 100
荘厳司教ミサ, 105
荘厳ミサ, 72
　司教の前での, 97
　聖体が顕示されている時の, 94
たいまつ持ち
　一般的な注意, 22
　歌ミサでの, 66
　聖体が顕示されたミサでの, 95
　聖体降福式での, 143
　荘厳死者ミサでの, 102
　荘厳司教ミサでの, 119
　荘厳ミサでの, 85
　としてのアコライト, 86
立つ, 12
注意, 6
手, 13
動作の統一性, 14
読誦ミサ
　婚姻の, 52

司教の, 54
死者のための, 51
侍者1人の, 45
侍者2人の, 55
聖体が顕示された時の, 51
ドミニコ会の読誦ミサ、奉仕の仕方, 144
晩課
　一般的な指示, 120
　司教の, 131
　死者のための, 138
　聖体が顕示されている時の, 136
　荘厳, 128
　単純, 123
膝掛け持ち、荘厳司教ミサでの, 118
跪く, 12
膝をつく, 8
表象記号の説明, 4
瓶
　差し出し方, 20
　手入れ, 21
服装, 6
復活の週の間の *Alleluia*, 33
復活ろうそく、点火する時, 34
ふるまい, 5

broad stole、身につける時, 33
平和の接吻、与え方と受け方, 92
奉挙のろうそく, 31
歩行, 12
本持ち
　司教の前での荘厳ミサ, 98
　司教晩課での, 133
　荘厳司教ミサでの, 113
ミサでの祈祷文, 36
ミサ典書
　祭壇での移動の仕方, 29
　祭壇への運び方, 28
胸を叩く, 13
目, 13
物を差し出す, 19
ろうそく
　死者ミサで持つ時, 68, 101
　点火と消火の仕方, 14
ろうそく持ち
　司教の前での荘厳ミサ, 98
　司教晩課での, 133
　荘厳司教ミサでの, 115
ろうそくライターとろうそく消しの使い方, 16

訳者あとがき

　本書はマシュー・ブリット師 Dom Matthew Britt, O.S.B.により英語で書かれた祭壇奉仕の手引き書 How to Serve: in simple, solemn, and pontifical functions（1934）の日本語訳である。

　2007年7月7日に教皇ベネディクト十六世によって発表された自発教令スンモールム・ポンティフィクム SUMMORUM PONTIFICUM により、聖ピオ五世が発布し、聖ヨハネ二十三世があらためて発布したローマ・ミサ典礼書によるミサや以前のローマ典礼の形式に従った典礼を行うことが認められた。本書に書かれた内容は、わずかな改訂はあるにせよ、基本的には聖ヨハネ二十三世のローマ・ミサ典礼書（1962年）のものと同じである。

　第2バチカン公会議以前の日本において、日本語で書かれた祭壇奉仕の手引き書としてブライトン著「侍者の友」（光明社）が挙げられるが、既に絶版となっており、また、読誦ミサについてのものである。歌ミサ、あるいは荘厳ミサの祭壇奉仕のための日本語の手引き書は訳者の知り得る限り、なかったようである。

　訳者はカトリックの平信徒であり、グレゴリオ聖歌や侍者での奉仕に関して実践する立場にいる。今回、浅学の身を顧ず本書を発行することになった。至らぬ箇所への指摘をいただければ幸いである。本書が日本国内のカトリック平信徒の役に立つことを願っている。

2015年11月4日　　　　　　　　　　　　　　　　　　　　　　　　　訳者

www.ingramcontent.com/pod-product-compliance
Lightning Source LLC
Chambersburg PA
CBHW060322050426
42449CB00011B/2611